AF596021

EUGÈNE DE LA GOURNERIE

# LOURDES

— DEPUIS 1858 —

## APPARITIONS — GUÉRISONS
## PÈLERINAGES

NANTES

LIBAROS, LIBRAIRE, CARREFOUR CASSERIE, 7.

1873

## ÉVÊCHÉ DE NANTES.

---

Nantes, le 20 décembre 1872.

D'après le rapport qui nous a été fait par l'un de nos secrétaires, nous autorisons et approuvons la publication de l'excellent opuscule de M. Eugène de la Gournerie sur Notre-Dame de Lourdes. Nous désirons vivement que ce petit ouvrage, où l'on voit briller la foi et la piété de son savant auteur, se répande parmi les fidèles de notre diocèse, pour la gloire de Dieu et l'honneur de la bienheureuse Vierge Marie Immaculée.

✝ FÉLIX, ÉVÊQUE DE NANTES.

---

# LOURDES DEPUIS 1858.

On me demande quelques pages sur les apparitions, les miracles et les pèlerinages de Lourdes. J'ai tout naturellement renvoyé à l'admirable livre de M. Henri Lasserre et au délicieux opuscule de Mgr de Ségur.— Mais, me dit-on, le moins volumineux de ces deux ouvrages coûte un franc; plus que n'aurait pu donner le père de Bernadette. Nous voudrions un récit qui pût pénétrer dans toutes les chaumières, qui fût au niveau de toutes les bourses.—Réduite à ces termes, la demande ne pouvait plus être rejetée, et je me suis fait abréviateur, simple abréviateur, pour la gloire de Dieu et le bien des pauvres. Né d'ailleurs, le 25 mars, jour d'une des principales fêtes de MARIE, je me suis toujours considéré comme lui appartenant d'une manière spéciale; et, après avoir consacré, sous son inspiration, le meilleur temps de ma vie littéraire à célébrer Rome, cette Ville Sainte, qu'on pourrait bien nommer, elle aussi, la *Porte du ciel*, il m'est doux, aujourd'hui que le soir est venu, *inclinata est jam dies*, et au moment où le 25 mars se présente comme un jour doublement béni, d'offrir pieusement ma plume à ma mère.

Nantes, 12 décembre 1872.

# I

## Les grottes. — Bernadette. — Premières apparitions.

Lourdes, ancienne capitale de la vicomté de Lavedan en Bigorre, est une jolie ville de 5000 âmes, sise au pied d'un roc immense que couronnent, à une grande hauteur, la tour carrée et les courtines imposantes d'un ancien château. Contre la base de ce monticule, se brisent les eaux limpides et souvent tumultueuses du gave de Pau, qui, coulant du sud au nord, depuis la cascade de Gavarnie, arrose par lui ou ses affluents, les charmantes vallées d'Azun, de Saint-Savin, d'Argelès et de Barèges. Arrêté ensuite dans sa course par le rocher de Lourdes, il se jette brusquement à l'ouest, pour aller trouver l'Adour et la mer.

Lourdes n'est pas encore dans la montagne, mais elle est à l'entrée de la montagne. Les collines qui l'entourent sont déjà plus que des collines ; ce sont les premières assises des Pyrénées, et les rochers qui en forment la charpente sont, comme presque tous ceux des Pyrénées, des rochers de marbre. On remarque, çà et là, dans ces rochers, des grottes, que les habitants du pays appellent des *spélugues* ou *espélugues,* du mot latin *spelunca,* qui veut dire *caverne.* Souvent, en effet, on dirait de véritables cavernes, tant elles sont profondes. Autrefois, on allait visiter l'une d'elles où l'on ne peut pénétrer qu'avec des torches. L'entrée en est étroite et difficile ; mais à peine s'y est-on introduit, qu'on se trouve sous une haute voûte et que l'on avance facilement. La grotte se divise, plus loin, en trois énormes crevasses, dont l'une, celle du milieu, aboutit à un précipice. Les curieux ne manquaient jamais d'y jeter une pierre, afin d'entendre le bruit de sa chute dans des eaux clapotantes, en un lointain effrayant ; on eût dit l'entrée de l'abîme ([1]).

Tout était donc sinistre en ce lieu, dont les oiseaux de nuit avaient fait leur repaire ; mais aujourd'hui, cette grotte maudite est oubliée pour une autre d'un aspect tout différent. Elle s'ouvre, sur la rive gauche du gave, dans la paroi abrupte d'un rocher connu sous le nom de *roche Massabielle,* et présente à l'œil deux excavations distinctes bien que communiquant intérieurement entre elles. La plus vaste est au ras du sol, et sa forme est celle d'une voûte en cul-de-four, plus ou moins irrégulière. Elle mesure quatre mètres en hauteur, douze ou quinze en largeur et en profondeur.

Au-dessus et un peu à droite, est l'autre grotte ou plutôt l'autre ouverture de la grotte. On dirait une fenêtre, ou mieux un de ces arceaux qui, dans nos églises, servent d'encadrement aux statues des saints. Sa hauteur et sa profondeur sont d'environ deux mètres ; sa largeur d'un seul.

La roche, en cet endroit et jusqu'à son faîte, c'est-à-dire jusqu'à une hauteur de cinquante mètres, est tapissée d'arbustes et de plantes grimpantes, au milieu desquels se jouent des myriades de petits oiseaux ; et, à la base de la grotte, serpentent les rameaux d'un églantier.

Tel est le lieu agreste et charmant qui est devenu, en 1858, le théâtre de scènes des plus merveilleuses et des plus touchantes.

La grotte Massabielle n'était alors guère connue ou du

([1]) *Itinéraire topographique et historique des Hautes-Pyrénées,* par A. A. — Tarbes, 1819 ; p. 35.

moins fréquentée que par les gardeurs de porcs, qui faisaient paître leurs troupeaux sur le *commun* environnant et trouvaient sous sa voûte un refuge contre la pluie. Les pauvres venaient aussi quelquefois chercher du bois mort sous les arbres voisins. C'est ce que faisaient, le 11 février de cette année, trois petites filles de Lourdes, Bernadette et Marie Soubirous, dont le père, ancien meunier, avait été obligé de quitter son moulin, par suite de mauvaises affaires, et ne gagnait plus sa vie qu'au jour le jour, sans pouvoir acheter le bois nécessaire pour cuire les aliments de la journée. Bernadette et Marie avaient avec elles une de leurs compagnes, Jeanne Abadie.

Or, pendant que Marie et Jeanne faisaient leurs petits paquets de branches desséchées, Bernadette entendit ce bruit *comme d'un grand vent,* dont parle l'Écriture, au moment de la descente de l'Esprit-Saint sur les apôtres. Elle lève la tête et remarque, avec étonnement, que le feuillage des arbres est immobile. Convaincue qu'elle s'est trompée, elle reprenait sa première attitude, lorsque le bruit se fait de nouveau entendre, et, au même moment, la grotte supérieure des roches Massabielle s'illumine d'une clarté qui resplendit sans éblouir. Au milieu de cette lumière, était une femme de moyenne taille et d'une beauté surhumaine. La grâce naïve de la jeunesse et la beauté sereine et grave de l'âge mûr étaient comme fondues dans les traits de son visage et dans l'expression de sa physionomie. Sa robe blanche était d'un tissu qui n'a point son pareil parmi nos étoffes. Elle était attachée autour de la taille par une ceinture d'un bleu azuré aux longues bandes pendantes. Un voile blanc ornait la tête et descendait jusqu'au bas de la robe en couvrant les épaules et le haut des bras. Une rose d'or s'épanouissait sur chacun des pieds, qui étaient nus et semblaient fouler le rosier sauvage. Enfin, les mains étaient jointes avec ferveur et tenaient un long rosaire aux grains blancs reliés entre eux par une chaîne d'or.

A cette vue, Bernadette tombe à genoux, et, prenant elle-même son chapelet, elle le récite dans un ravissement continu. La céleste vision attachait ses yeux sur elle avec complaisance ; elle semblait lui dire, comme autrefois la bienheureuse Vierge à sainte Françoise Romaine : « Je suis ici pour toi, *son quì per te.* » Dans un moment où l'enfant troublée ne se sentait pas la force de lever le bras pour faire le signe de la croix, la *dame,* comme l'appelait Bernadette, le fit la première, et le bras de l'enfant se leva aussitôt, comme animé d'une force nouvelle. A peine le chapelet fut-il terminé que la vision dispar

Marie et Jeanne n'avaient rien entendu, rien vu, sinon Bernadette en prière ; ce qui lui arrivait si souvent, que, malgré le froid et le lieu, elles en furent peu étonnées. L'étonnement de Bernadette fut, au contraire, extrême, lorsqu'elle s'aperçut que ses deux compagnes ne soupçonnaient même pas ce qui venait de se passer. Elle hésita quelques instants à leur révéler son secret ; mais sa surprise et son émotion la trahissaient malgré elle, et, sur les questions répétées des petites filles, elle finit par s'ouvrir, en leur faisant promettre un silence absolu. C'était beaucoup demander à des enfants de onze ou douze ans. Aussi, Marie Soubirous se hâta-t-elle de tout raconter à sa mère. Celle-ci interrogea Bernadette ; malgré la précision de son récit, elle ne crut pas, et ne pouvait, en effet, guère croire, sans autre preuve, à la réalité d'un événement aussi rare qu'une apparition : — « Il t'a semblé voir, et tu n'as rien vu, dit-elle à sa fille. Ce sont des lubies, des enfantillages. » Puis, elle ajouta : — « Ne retourne plus à la grotte ; je te le défends. »

Les petites amies de Bernadette craignaient, de leur côté, qu'il n'y eût là *quelque chose qui pût leur faire du mal,* et elles avaient été les premières à dire : — « N'y revenons plus. »

Bernadette souffrait beaucoup de cette opposition, mais elle n'eût voulu, pour rien au monde, désobéir à sa mère. Le vendredi et le samedi se passèrent donc sans qu'elle allât à la grotte ; mais, le dimanche 14 février, elle finit par gagner ses deux compagnes, et les trois enfants firent de telles instances, que la défense fut levée. Marie et Jeanne persévéraient toujours, d'ailleurs, dans leur crainte de l'esprit mauvais ; aussi emportèrent-elles de l'eau bénite, en recommandant à Bernadette de la jeter à l'Apparition, si elle se représentait. — « Tu lui diras, ajoutaient-elles : Si vous venez de la part de Dieu, approchez ; si vous venez de la part du démon, allez-vous-en. »

Ces recommandations faites, on partit pour les Roches, entre la messe et les vêpres. Rien ne parut d'abord. — « Prions », dit alors Bernadette, et les trois enfants tombant à genoux, récitèrent chacune le chapelet. Tout à coup, les traits de Bernadette s'illuminent ; son regard devient plus brillant ; c'était bien elle toujours et cependant c'était un autre visage, *species ejus altera*, comme dit l'Evangéliste saint Luc, en racontant la transfiguration sur le Thabor. — « Regardez, dit-elle, la voilà ! » Mais elle seule voyait, et, pour ses petites amies, le rocher était toujours désert, la grotte était toujours vide. Telle était d'ailleurs l'expression, ou, pour mieux dire, l'idéalisation de sa physionomie, qu'aucun doute n'était possible. L'une des petites filles remit alors à Bernadette la bouteille d'eau bénite, et celle-ci en jeta le contenu, à plusieurs reprises, vers la dame mystérieuse, en disant, comme il avait été convenu : « Si vous venez de la part de Dieu, approchez. »

L'eau bénite atteignit l'églantier, puis les pieds de l'Apparition, qui sourit plus doucement encore, s'inclina vers l'enfant et s'avança jusqu'au bord du rocher. Telle était d'ailleurs sa beauté, et telle la divine expression de sa bienveillance, que Bernadette ne se sentit pas la force d'ajouter : « Si vous venez de la part du démon, allez-vous-en. » Elle était retombée à genoux, récitant son chapelet, tandis que la divine Beauté faisait glisser elle-même les grains de son rosaire, sans que Bernadette aperçût d'ailleurs le moindre mouvement à ses lèvres. Le chapelet fini, la vision disparut.

Bernadette était dans la joie d'avoir revu cette dame si belle et qui paraissait l'aimer tant, cette mère du bel amour, *pulchræ dilectionis*, comme l'Eglise le dit de la Mère de Dieu. Elle ne trouvait pour la peindre aucune comparaison, comme saint Paul pour le bonheur des élus ; mais l'altération même de ses traits, pendant l'extase, n'était pas sans causer une certaine terreur à ses compagnes. Elles sentaient le surnaturel présent et elles en étaient effrayées. D'aussi vives impressions ne pouvaient évidemment être tenues secrètes, et, à la sortie des vêpres, le récit des petites filles circula de bouche en bouche.

Bernadette n'avait que quatorze ans ; mais, chétive et souffrant d'un asthme, elle semblait plus jeune encore.

Elevée à la campagne, loin de Lourdes et de ses parents, uniquement occupée à la garde des troupeaux, elle était ignorante de toutes choses, même du catéchisme. Ses prières, son chapelet, voilà à quoi se bornait sa science, et, revenue à Lourdes, depuis quinze jours à peine, pour se préparer à sa première communion, elle ne savait même pas la langue de la ville, et en était encore au patois des montagnes. Ajoutons que sa physionomie n'indiquait nullement une intelligence supérieure ; mais ce qu'elle révélait à première vue, c'était une droiture et une honnêteté qui frappent dans ses moindres portraits. On sentait qu'aucune pensée mauvaise n'avait jamais troublé le calme de son âme, et il suffisait de l'entretenir pour être sûr de la sincérité de sa parole et de la candeur de ses émotions.

Aussi, sans expliquer rien, beaucoup de personnes étaient disposées à la croire, et, lorsqu'elle retourna à la grotte, le jeudi 18 février, une dame de Lourdes, Mme Millet, et une jeune fille qui faisait partie de la Congrégation des *Enfants de Marie,* Mlle Antoinette Peyret, exprimèrent le désir d'aller avec elle. Les premières compagnes de Bernadette craignaient que l'Apparition ne cachât un être malfaisant; les nouvelles se persuadaient que c'était une âme du Purgatoire, en recherche de prières. — « Demande à cette dame qui elle est et ce qu'elle veut », disaient-elles à Bernadette. Elles emportèrent même une plume, de l'encre et du papier, afin qu'elle pût écrire sa réponse, si elle préférait l'écriture à la parole.

On partit dans ces dispositions, le jeudi matin, après la messe de cinq heures. Bernadette courait plus qu'elle ne marchait, et, en dépit des aspérités du chemin, qui était loin d'offrir les facilités d'aujourd'hui, elle franchit avec tant d'agilité les rochers et les pierres roulantes, qu'elle arriva la première à la grotte. A peine y fut-elle à genoux et eut-elle commencé son chapelet, que l'arcade supérieure s'illumina de nouveau et que la céleste Beauté apparut dans tout son éclat.

— Elle est là, dit Bernadette aux pieuses femmes qui la suivaient ; elle me fait signe d'avancer.

Les deux compagnes de Bernadette, impressionnées par la physionomie radieuse de l'enfant, craignaient d'être indiscrètes.

— Demande-lui, dirent-elles, si elle est fâchée que nous soyons ici avec toi.

— Vous pouvez rester, répondit Bernadette, après avoir consulté du regard la dame invisible.

Les deux femmes s'agenouillèrent aussitôt près d'elle et allumèrent un cierge bénit, le premier, suivant la remarque de M. Lasserre, qui brûla en ce lieu, où les cierges ne devaient plus s'éteindre.

— Demande-lui donc qui elle est, disaient-elles à Bernadette ; si c'est une âme du Purgatoire, nous sommes prêtes à faire tout ce qu'elle voudra pour son repos. Prie-la d'écrire sur ce papier ce qu'elle désire.

Et elles mettaient la plume et le papier dans la main de l'enfant.

Bernadette s'avança alors vers l'Apparition, dont le regard l'encourageait. A mesure cependant qu'elle marchait, la dame reculait dans le fond de la grotte, si bien que Bernadette finit par ne plus l'apercevoir ; mais, entrant aussitôt dans la grotte inférieure, qui, nous l'avons dit, communique intérieurement avec la plus élevée, elle revit la *Mère admirable*, comme parle l'Église. Se dressant alors sur ses pieds, pour atteindre à sa hauteur, elle lui présente les objets qu'on lui a remis. Les deux femmes l'avaient suivie dans la grotte ; mais elle leur fit signe de se retirer.

Bernadette fit alors la demande :

— Madame, si vous avez quelque chose à me communiquer, auriez-vous la bonté d'écrire qui vous êtes et ce que vous désirez ?

Jacob disait, lui aussi, à l'être divin contre lequel il avait lutté : « Dis-moi de quel nom il faut t'appeler ? » et entendait cette réponse : « Pourquoi me demander mon nom ? » — Au même instant, dit l'Écriture, celui qu'il interrogeait le bénit, *et benedixit ei in eodem loco* [1].

Au lieu d'écrire, comme le demandait Bernadette, l'Apparition parla.

— Ce que j'ai à vous dire, répondit-elle, je n'ai pas besoin de l'écrire. *Faites-moi seulement la grâce de venir ici, pendant quinze jours.*

— Je vous le promets, dit l'enfant.

— *Et moi*, reprit la dame, *je vous promets de vous rendre heureuse, non pas en ce monde, mais en l'autre.*

N'était-ce pas une bénédiction ?

Bernadette remarqua alors que, tout en la suivant des yeux, l'Apparition jetait un long et affectueux regard sur celle de ses compagnes qui était membre de l'Association des *Enfants de Marie.*

— Demande-lui, lui disaient les deux femmes, si elle serait contrariée de nous voir ici avec toi, pendant cette quinzaine.

[1] *Genèse*, c. XXXII, 29.

Bernadette transmit la demande, et la dame répondit :

— Elles peuvent revenir avec vous, elles et d'autres encore. *Je désire y voir du monde.*

Elle désirait y voir du monde ! et tel fut, en effet, le retentissement des visions de la jeune fille, que, dès le lendemain matin, 19 février, une centaine de personnes se rendait aux roches Massabielle ; le 20, il y en eut quatre ou cinq cents.

Le 21, on remarqua que deux larmes coulaient, pendant la vision, sur les joues de Bernadette. L'Apparition lui avait dit de prier *pour les pécheurs,* et, en disant ces mots, sa divine beauté avait été obscurcie par la tristesse. Mais un rayon de joie revint bientôt éclairer le visage de l'enfant, qui semblait toujours être comme un reflet de celui qu'elle contemplait avec amour. Plusieurs milliers de personnes l'entouraient en ce moment, et toutes sentaient, en la voyant, la présence d'un être surnaturel, comme on sent l'action du soleil aux premières clartés de l'aurore.

On ne voyait rien, d'ailleurs, on n'entendait rien ; Bernadette seule voyait et entendait ; mais il y avait une telle candeur et une telle suite dans ses récits, et, lorsque l'Apparition était devant elle, il y avait un tel rayonnement sur son visage, que l'on n'osait pas ou que l'on ne pouvait pas douter.

## II

### Contradictions. — Epreuves. — L'Eglantier. — La Source miraculeuse.

La police cependant voulut croire à une comédie, et, ce même dimanche, 21, après vêpres, elle fit comparaître l'enfant devant elle. J'ai dit que Bernadette était une pauvre petite paysanne, sans instruction et sans moyens supérieurs. Le commissaire qui allait l'interroger était doué, au contraire, d'une intelligence rare et rompue à toutes les rubriques du métier. Depuis la feinte bonhomie qui touche quelquefois jusqu'à la menace qui intimide, tout fut mis en œuvre par lui, mais tout fut inutile ; on eût dit que Bernadette avait entendu, de la bouche même de Dieu, ces mots qu'avait entendus saint Paul : « Ne crains rien ; parle, ne reste pas muette », *noli timere, sed loquere ; ne taceas* (1) ; car rien ne l'effrayait, pas même la perspective de la prison, et cette enfant timide trouvait réponse à tout, sans qu'il fût possible de surprendre chez elle la moindre hésitation et la moindre contradiction.

Mais si le terrible commissaire de police perdit son temps et sa peine avec Bernadette, il eut plus de succès près de son père.—« Si elle retourne encore à cette grotte où elle joue la comédie, dit-il à Soubirous, si ce scandale continue, je m'en prendrai non-seulement à elle, mais à vous. » — Les parents de Bernadette, qui avaient douté d'abord de la réalité de ses visions, n'en doutaient plus depuis qu'ils l'avaient vue à la grotte. Le surnaturel s'était imposé à eux comme aux autres et leur foi était devenue entière. Les menaces du commissaire de police causèrent néanmoins assez d'effroi au père Soubirous, pour qu'il crût devoir défendre à sa fille de retourner aux roches Massabielle.

— Si j'y vais, répondait Bernadette, ce n'est pas tout à fait de moi-même. En un cértain moment, il y a quelque chose en moi qui m'y appelle et m'y attire.

(1) *Act.*, XVIII, 9.

— Quoi qu'il en soit, répondait son père, je te défends absolument d'y aller désormais. Tu ne me désobéiras certainement pas, pour la première fois de ta vie.

— Je ferai tout mon possible, disait alors Bernadette.

Le lendemain donc, 22 février, la foule, qui attendait Bernadette, au point du jour, sur le bord du gave, ne la vit point venir. Ses parents l'avaient envoyée à l'école; mais, lorsqu'elle revint, aux coups de l'*Angelus* de midi, elle se sentit poussée vers la grotte par une force surnaturelle, comme une feuille qu'emporte le vent. Ainsi, le grand saint Philippe de Néri, auquel la Vierge daigna souvent apparaître, était quelquefois enlevé de terre, quelquefois retiré d'une fosse par une main invisible (1). Bernadette marchait, elle courait même sans pouvoir résister; mais, à la différence des jours précédents, elle cédait à une impulsion plutôt qu'à un attrait. Nulle apparition ne vint, en effet, ce jour-là, consoler son pauvre cœur, qu'avait brisé la défense paternelle, et la foule, qui s'était précipitée sur ses pas, n'aperçut point sur le visage de la petite bergère, les rayons divins qui la rendaient incomparable les autres jours.

Bernadette se demandait si elle avait commis quelque faute, tandis qu'autour d'elle, chacun commentait sa déception à sa manière. — « Lubies ! » disaient les uns. — « Le commissaire de police a fait son effet », disait un autre. Quant à Bernadette, toute triste qu'elle fût, elle conservait son calme et sa confiance : — « Les autres jours, je l'ai vue comme je vous vois, disait-elle, et nous nous parlions. Aujourd'hui, je ne l'ai pas vue; je ne sais

(1) *Brev. rom.* 26 mai.

pas pourquoi. » — Evidemment, si Bernadette eût joué la comédie le 11, le 14, le 21, elle l'aurait aussi bien jouée le 22. Sa franchise à dire qu'elle n'avait rien vu, confirmait donc l'assurance avec laquelle elle parlait de ses visions précédentes. Néanmoins, le commissaire de police triomphait; mais loin de renoncer aux menaces qui devenaient, ce semble, inutiles, du moment qu'il n'y avait plus de vision, il les renouvelait avec plus de violence que jamais.

— Je vous ferai tous mettre en prison, disait-il aux Soubirous, si cette fille continue d'ameuter les multitudes par ses simagrées.

Le père et la mère de Bernadette ne lui défendaient plus, en effet, d'aller à la grotte, tant ils avaient été impressionnés par ce qu'elle leur avait dit de la force invisible qui l'avait entraînée malgré elle.

— Bernadette n'a jamais menti, répondait le père Soubirous au commissaire; si le bon Dieu, la sainte Vierge ou quelque sainte l'appelle, nous ne pouvons nous y opposer. Le bon Dieu nous punirait.

Et le lendemain, 23, Bernadette partait, au point du jour, malgré les menaces, et perçait les rangs de la foule qui l'attendait à la grotte. A peine se fut-elle agenouillée, tenant d'une main son chapelet et de l'autre un cierge, que la divine Beauté apparut et l'appela par son nom.

— Bernadette ! lui disait-elle, en jetant sur elle un regard d'une inexprimable tendresse.

— Me voilà, répondit l'enfant.

— J'ai à vous dire pour vous seule et concernant vous seule, reprit l'Apparition, une chose secrète. Me promettez-vous de ne la répéter à personne dans ce monde?

— Je vous le promets.

Après lui avoir confié le secret, la dame ajouta : — *Et maintenant, ma fille, allez dire aux prêtres que je veux qu'on m'élève ici une chapelle.*

Bernadette part aussitôt et court frapper à la porte du curé de Lourdes qu'elle n'avait jamais vu qu'à l'église, car, nous nous le rappelons, elle n'était à Lourdes que depuis peu de jours ; et, sans être intimidée par la figure grave et sévère du prêtre, que sa haute taille rendait encore plus imposante, elle lui dit simplement :

— Monsieur le curé, je viens de la part de la dame qui m'apparaît à la grotte de Massabielle, vous dire qu'elle veut qu'on lui élève une chapelle au lieu où elle m'apparaît.

Rien de plus extraordinaire, à coup sûr, qu'une pareille mission ; mais ce qui eût été plus extraordinaire encore, c'eût été qu'une idée semblable fût venue à une petite fille et qu'elle eût conçu l'espoir du succès. Sa candeur, dans tous les cas, et la sincérité transparente de sa parole ne furent pas sans faire impression sur l'homme éminent qui l'écoutait. Depuis douze jours qu'il n'était question dans le pays que des visions de Bernadette, M. le curé Peyramale et ses vicaires s'étaient tenus seuls en dehors du mouvement qui agitait les foules, non assurément qu'ils crussent, comme certaines fortes têtes, que Dieu et ses saints ne peuvent se manifester à de pauvres mortels, mais parce qu'ils savaient combien, en pareille matière, il faut se défier d'abord de la fourberie et ensuite de l'illusion. Un miracle est chose tellement grave qu'il ne faut y croire que lorsqu'il ne peut être contesté. Autrement, l'Église serait compromise sans cesse par une piété aveugle. — « Si ces faits sont de Dieu, disait le curé, ils n'ont pas besoin de nous, et le Tout-Puissant saura bien, sans notre pauvre secours, surmonter tous les obstacles. Si l'œuvre au contraire n'est pas de Dieu, Dieu marquera lui-même le moment où nous devrons intervenir pour les combattre en son nom. En un mot, laissons agir la Providence. »

Tels étaient ses sentiments, lorsque Bernadette se présenta à la cure. La vue de l'enfant ne lui permit pas de croire à une fable ; mais cet ordre de construire une chapelle et la pauvre apparence de l'ambassadrice avaient bien de quoi l'étonner. Il lui fallait une autre garantie que la parole de la petite bergère.

— L'Apparition a, sous les pieds, suivant toi, dit-il à Bernadette, un rosier sauvage, un églantier, qui sort des roches. Nous sommes au mois de février. Dis-lui que si elle veut la chapelle, elle fasse fleurir le rosier.

Les *esprits-forts,* en apprenant cette demande du curé, eurent un moment de folle joie : — « L'Apparition est sommée de montrer son passe-port », disaient-ils, et, sans attendre la réponse, ils se perdaient en explications qui eussent eu grand besoin d'être expliquées elles-mêmes : catalepsie, hallucination, etc., etc. Bernadette cataleptique ! Mais la catalepsie suppose une raideur des membres que Bernadette n'avait pas. Elle l'avait si peu, que, son cierge s'étant éteint, le 21 février, pendant l'extase, elle l'avait baissé vers la personne la plus proche, afin qu'on le rallumât. Quelqu'un ayant voulu, dans un autre moment, toucher l'églantier de son bâton, elle fit vivement un signe de crainte et dit même : « Ne le touchez pas. » Ainsi, nulle rigidité dans les membres, et, par conséquent, nulle catalepsie.

Mais l'hallucination ! Le mot est par lui-même si peu défini qu'il se prête à tout. De quelque manière, au reste, qu'on l'entende, il suppose toujours un certain dérangement des facultés mentales. Or, on ne peut être plus maître de ses idées que ne l'était Bernadette. Point d'exaltation et jamais la moindre contrariété dans ses récits. Un médecin lui tâta le pouls, pendant une de ses extases, et il le trouva parfaitement calme. Il n'y avait donc pas plus de fièvre et de délire que d'hallucination. Est-ce que l'halluciné, revenu à lui-même, prend d'ailleurs pour des réalités les rêveries de son égarement ? Et cependant on n'en répétait pas moins ce mot d'halluciné, qui disait tout sans rien dire ; les habiles ajoutaient même : « Avant un mois, cette enfant sera complétement folle et probablement paralysée (1). » — Nous verrons bien.

En attendant, la joie qu'avait causée aux libres-penseurs l'exigence du curé de Lourdes, devint plus vive, le lendemain 24, car Bernadette revit l'Apparition, lui transmit la demande du curé, et le rosier ne fleurit pas. La céleste Apparition, disait Bernadette, s'était contentée de sourire, puis, elle lui avait ordonné de monter à genoux dans la grotte, et elle avait crié trois fois : « *Pénitence! pénitence! pénitence !* » mots que l'enfant avait répétés en montant et baisant la terre, et que la foule, plus nombreuse ce jour-là que jamais, avait très-distinctement entendus.

L'Apparition avait, en même temps, ordonné à la petite fille de prier pour les pécheurs, et elle lui avait confié un second secret.

(1) *Notre-Dame de Lourdes*, par Henri Lasserre, p. 51.

Tel fut le récit de Bernadette, mais enfin le rosier n'avait pas fleuri. L'attente du public était donc trompée, et cependant la foule qui se pressait à la grotte demeurait ferme dans sa foi, tant Bernadette semblait être, pendant la vision, suivant le mot d'un témoin, *un ange du ciel plongé dans d'inénarrables ravissements* (¹).

Jésus-Christ nous a dit : « Demandez, et vous recevrez ; frappez, et il vous sera ouvert » ; et il ouvre toujours, il accorde toujours, non pas toujours, il est vrai, ce que nous demandons, mais ce qui nous vaut le mieux, ce qu'il juge plus conforme à notre bien et à sa gloire. Jamais on n'en eut une preuve plus frappante que le jeudi 25 février. Ce jour-là, l'Apparition confia un troisième et dernier secret à Bernadette, puis elle lui dit : *Allez boire et vous laver à la source et manger de l'herbe qui est là.*

Où était cette source ? Bernadette n'en voyait nulle part, ni dans la grotte, ni hors de la grotte. Elle se dirigea donc vers le gave qui coulait à ses pieds ; mais un mot et un geste de la *dame* la retinrent.

— Je ne vous ai point dit de boire au gave, lui disait-elle ; allez à la fontaine ; elle est ici.

Et elle lui montrait le fond de la grotte, à la gauche des spectateurs, où le terrain n'était jamais humecté, pas même par la pluie, comme il arrivait quelquefois à la partie opposée.

Bien qu'elle ne vît rien qui ressemblât à une source, Bernadette obéit cependant. Elle pénètre à genoux, sous la courbe abaissée de la voûte et gratte la terre de ses mains, tandis que les innombrables spectateurs de cette

(¹) *Notre-Dame de Lourdes*, par Henri Lasserre, p. 108.

scène étrange la suivaient des yeux avec étonnement et que quelques-uns peut-être commençaient à croire à la prédiction des *savants : — Avant un mois, elle sera folle.*

Mais voilà tout à coup que l'eau commence à sourdre dans la cavité creusée par Bernadette. Ce ne fut d'abord qu'un filet d'eau bourbeuse que l'enfant ne put avaler qu'à la troisième fois et en faisant sur elle un violent effort. Cela fait, elle s'en mouilla le visage, puis elle prit quelques brins d'herbe qni se trouvaient à côté et les mangea. L'Apparition, jetant alors sur elle un regard satisfait, disparut.

Cette scène, je le répète, pouvait paraître étrange ; mais à ceux qui avaient l'habitude des livres saints, que de souvenirs elle rappelait ! Lorsque Dieu se manifesta à Moïse gardant les troupeaux sur le mont Horeb, le premier ordre qu'il lui donna fut d'ôter sa chaussure, car *ce lieu,* lui dit-il, *est saint* ([1]). Le même ordre fut donné à Josué, sous les murs de Jéricho, et toujours parce que ce lieu est saint, *locus enim, in quo stas, sanctus est* ([2]). Aujourd'hui, Bernadette reçoit l'ordre de monter à genoux. — « C'est en pénitence pour moi et pour les autres », disait-elle; mais ne pouvait-on ajouter aussi : parce que ce lieu est devenu saint ?

L'herbe, cette nourriture des anachorètes et ce symbole de la pénitence, ne rappelle-t-elle pas, d'un autre côté, lorsqu'on la voit manger par Bernadette, cette parole du Sauveur : — *Ma nourriture est que je fasse la volonté de Celui qui m'a envoyé* ([3]). Bernadette l'avait compris d'elle-même.

([1]) *Exod.* III. 5.
([2]) *Josué*, V, 10.
([3]) *Joan.* IV, 34.

Enfin, l'eau joue un grand rôle dans la liturgie et le symbolisme de l'Église. La fontaine du baptême, *fons baptismalis*, nous fait naître à la vie chrétienne; c'est un *bain de régénération*, dit saint Paul ; l'eau, ayant la propriété de laver les souillures, est aussi l'emblème de la pénitence : — « Tu me laveras, Seigneur, et je deviendrai plus blanc que la neige », *lavabis me et super nivem dealbabor*. L'eau bénite éloigne de nous les influences mauvaises. C'est au puits de Jacob que Jésus-Christ attend la Samaritaine, et s'il lui demande à boire, c'est pour lui offrir aussitôt de cette *eau vive qui jaillit jusqu'à la vie éternelle* (1).

Par une coïncidence remarquable et que signale M. Henri Lasserre, l'office de l'Église reproduisait précisément, le 25 février 1858, deuxième jeudi de carême, le récit de saint Jean sur les merveilles de la piscine probatique : — « Il y a, à Jérusalem, une piscine probatique qu'on appelle en hébreu *Bethsaïda*, ayant cinq portiques. Une grande multitude d'infirmes, aveugles, boiteux, paralytiques, était là gisante, en attendant le mouvement des eaux. L'ange du Seigneur descendait, en effet, au temps voulu, et agitait l'eau, et le premier qui descendait ensuite dans la piscine en sortait libre de toute infirmité (2). »

Et le même jour, le rocher s'ouvrait sous la main de Bernadette, et, suivant la parole d'Isaïe, qui semble avoir entrevu de loin la grotte de Massabielle, *les aveugles vont voir, les sourds vont entendre*, parce que *les eaux se sont fait jour dans le désert, et les torrents dans la solitude* (3).

Pendant toute la journée du 25, la source ne donna

(1) *Joan.* IV, 14.
(2) *Joan.* V, 2.
(3) *Isai.* XXXV, 5 et 6.

d'ailleurs qu'un filet d'eau, qui, débordant de la petite cavité, était promptement absorbée par la terre et se reconnaissait seulement à un sillon humide qui allait toujours s'allongeant. Le lendemain, l'eau dépassait la grotte; elle était encore fangeuse, mais peu à peu elle devint d'une limpidité rare, et, son volume grossissant à mesure, elle finit par donner trente-cinq litres à la minute. C'est ce qu'elle donne encore aujourd'hui.

Le curé de Lourdes avait demandé que l'églantier fleurît en plein hiver; l'églantier était resté sans fleurs; mais la faible main d'un enfant avait fait jaillir, comme Moïse, l'eau du rocher.

Ce ne fut plus seulement dès lors aux heures de Bernadette que la foule courut à la grotte; elle s'y précipitait, s'y succédait à toute heure, pour suivre les progrès de l'eau, y tremper des mouchoirs, en porter quelques gouttes à ses lèvres. — « Ce n'est pas une source, c'est une flaque d'eau », disaient cependant les *habiles*. Ils le disaient le premier jour, et le lendemain, la *flaque d'eau* se répandait au dehors par un cours régulier. — « C'est l'effet des pluies d'hiver », dirent-ils alors; « l'été remettra tout à sec. » Et l'été venu, l'eau ne fut pas moins abondante.

Pour toute personne de bonne foi, l'eau était donc simplement miraculeuse, et elle le parut tellement aux habitants du pays, qui connaissaient les lieux, que les malades et les infirmes furent bientôt aussi nombreux à la grotte qu'autrefois à la piscine de Jérusalem. Un ouvrier carrier, connu de toute la ville de Lourdes, Louis Bourriette, y recouvra, dès le 26, l'usage d'un œil perdu, et la confrérie des carriers traça, le soir même, par reconnaissance, un sentier facile pour arriver aux roches, qui jusque-là étaient assez difficilement abordables. Elle creusa en même temps un réservoir ovale pour recevoir l'eau et plaça une rigole de bois pour l'y conduire; puis, la nuit venue, une illumination soudaine éclaira la grotte : c'étaient des milliers de bougies et de cierges, que la piété y avait allumés et qui brûlèrent jusqu'au jour.

## III

### Apparitions du 4 et du 25 mars.

*Je suis l'Immaculée-Conception.*

Aux joies, cependant, succédaient les épreuves, pour Bernadette. Ce même jour, 26, la vision ne parut pas. Cinq où six mille personnes s'étaient portées à la grotte ; on se rangeait devant la jeune fille ; on disait : *Voilà la sainte! voilà la sainte !*

Bernadette s'agenouilla, pria; mais son attente fut vaine. Elle avait entrevu le ciel, les jours précédents, et aujourd'hui, elle demeurait péniblement sur la terre, afin, sans doute, que les hommages dont on l'entourait ne lui fissent pas perdre de vue sa misère, et qu'elle pût se dire toujours, comme Bossuet : *Oh ! que nous ne sommes rien !*

Les jours suivants, la dame reparut, et la foule qui n'était plus seulement une foule, qui était un peuple, put voir en quelque sorte l'Apparition sur le front transfiguré de Bernadette. Le 4 mars, dernier jour de la quinzaine, on ne comptait pas moins de vingt mille personnes accourues de tous les pays environnants, et groupées, tant sur les bords du gave que sur tous les points d'où l'on pouvait apercevoir la grotte.

Bernadette était accompagnée de sa mère, et les gendarmes, les soldats qu'on avait envoyés sur les lieux, pour prévenir des désordres que l'on craignait ou que l'on désirait peut-être, car l'autorité ne cherchait qu'une occasion pour mettre un terme à ce qu'elle traitait de superstition et de fanatisme, les gendarmes et les soldats, partageant la foi commune, s'employaient d'eux-mêmes à ouvrir un passage à la jeune fille. Lorsque Bernadette s'agenouilla, tout le monde tomba à genoux et un silence profond succéda aux mille bruits des multitudes. L'Apparition commanda, cette fois encore, à l'enfant, d'aller boire et se laver à la fontaine, de manger de l'herbe voisine, puis, pour la troisième ou quatrième fois, elle lui ordonna d'*aller trouver les prêtres et de leur dire qu'elle voulait, en ce lieu, des processions et une chapelle.*

Le curé de Lourdes ne doutait plus, ni des visions de Bernadette, ni de la mission qui lui avait été confiée. — « Je te crois, dit-il, lorsqu'elle lui réitéra l'ordre déjà transmis ; mais ce que tu demandes ne dépend pas de moi seul ; cela dépend surtout de Mgr l'évêque, que j'ai instruit de tout et près duquel je vais me rendre. »

L'évêque de Tarbes, Mgr Laurence, refusa de se prononcer. Il ne niait assurément aucun des faits miraculeux dont on parlait ; mais il ne voulait faire intervenir son autorité que lorsque l'évidence serait complète et le doute impossible. Le moment de faire une enquête ne lui semblait même pas encore venu, bien que, de tous côtés, on la lui demandât avec instance. — « Les esprits sont trop agités, en ce moment, disait-il, pour que l'enquête ne fût pas exposée à subir une sorte de pression. Défions-nous de l'enthousiasme et attendons que le calme revienne. »

Non-seulement Mgr de Tarbes ne se prononça pas, mais il continua de défendre aux ecclésiastiques de paraître à la grotte. Cette extrême réserve, que beaucoup ne comprenaient pas, eut en réalité pour effet de déjouer toutes les vaines suppositions des *habiles* et de la police. Résolus à ne pas croire au miracle, ne sachant comment expliquer ce qu'ils appelaient une *stupide affaire*, ils eussent été enchantés d'y surprendre la main du clergé et de l'en rendre responsable. On s'était imaginé d'abord que Bernadette ne faisait la *voyante* et la *béate*, que pour se faire donner de l'argent; mais, ni Bernadette, ni sa famille n'acceptaient rien, quelle que fût leur misère. On leur offrit plus d'une fois, soit pour les secourir, soit pour les tenter, des sommes considérables, et leurs refus furent toujours si absolus, si constants, qu'on en est venu à supposer qu'ils se liaient à l'un des secrets confiés à la jeune fille. Mais le clergé du moins auquel on demandait des processions et un sanctuaire, n'était-il pour rien dans ces demandes? Voilà certainement ce que la police et ceux qui pensaient comme la policc, se seraient dit, si le clergé avait pris la moindre part au mouvement qui avait fini par gagner toutes les populations pyrénéennes. Afin de le surprendre en flagrant délit, on avait fait surveiller Bernadette jusqu'à l'église, jusqu'à la porte du confessionnal; on espérait acquérir la preuve qu'elle le fréquentait plus que les autres enfants du catéchisme; mais il n'en était rien, et la conclusion de tout cet espionnage avait été qu'il fallait renoncer à voir, dans les événements de la grotte, une œuvre cléricale. C'était désespérant pour les *esprits-forts*, c'était évident pour tout le monde.

Le mouvement d'ailleurs ne s'arrêtait pas, et, bien qu'aucun prêtre ne parût à la grotte, elle prenait chaque jour davantage l'apparence d'un sanctuaire. On y récitait des prières, on y chantait des cantiques, on l'ornait de fleurs, on y déposait des offrandes, et c'est à peine si ce lieu, désert autrefois, redevenait solitaire à la nuit.

Depuis l'expiration de la quinzaine, c'est-à-dire depuis le 4 mars, l'Apparition ne s'était plus reproduite, et, si Bernadette était retournée à la grotte, c'était sans avoir entendu la voix intérieure qui auparavant l'y appelait. Mais, le 25 au matin, jour de l'Annonciation, elle sentit de nouveau l'attrait irrésistible dont elle avait si souvent parlé. Elle prend aussitôt le chemin des Roches, et chacun s'y précipite sur ses pas. L'Apparition ne tarda pas en effet à se manifester, dans l'état accoutumé de sa splendeur divine. — *O Madame,* dit alors Bernadette, *veuillez avoir la bonté de me dire qui vous êtes et quel est votre nom?*

L'enfant lui avait déjà adressé cette prière, le 4 mars, mais sans obtenir de réponse. Elle la renouvelle aujourd'hui jusqu'à quatre fois. L'Apparition sourit d'abord; son visage devient ensuite plus rayonnant. Tout à coup, elle disjoint ses mains, les abaisse vers la terre, puis, les relevant vers le ciel, que fixait son regard, et les unissant avec une expression d'ineffable ferveur, elle laisse tomber ces mots : JE SUIS L'IMMACULÉE CONCEPTION.

Lorsque Moïse demanda au Seigneur, sur l'Horeb, comment il le nommerait aux enfants d'Israël, la voix qui lui répondit ne dit point : Je suis le Créateur, le Tout-Puissant, mais : JE SUIS CELUI QUI SUIS, mot qui exprime l'être dans son essence et son excellence, l'être unique et complet. De la même manière, la céleste Beauté qui apparaît à Bernadette, ne lui dit point : Je suis la Vierge très-pure, mais : JE SUIS L'IMMACULÉE CONCEPTION, c'est-à-dire, la pureté même dans son essence et son excellence, la pureté unique et complète. Ces deux mots se tiennent ; ils sont de la même famille. L'homme ne les a pas trouvés; ils ne peuvent venir que du ciel.

Bernadette n'avait jamais entendu prononcer ce mot d'*immaculée conception,* de sorte qu'en retournant à Lourdes, où sa première visite fut pour le presbytère, elle le répétait sans cesse de peur de l'oublier. N'oublions pas, de notre côté, que c'est quatre ans après le dogme défini par Pie IX, que la Mère de Dieu a pris ce dogme lui-même pour son nom. Ne semblait-elle pas nous dire, au moment où allaient commencer les grandes épreuves de la papauté, que devaient suivre de si près les épreuves de la France : — C'est par ce signe que vous vaincrez, *hoc signo vinces* !

On remarquait généralement que les signes de croix et les moindres mouvements de Bernadette, pendant les apparitions, avaient une expression et une dignité qui n'étaient ni d'une petite paysanne, ni même d'une personne plus distinguée. Il en était de même, lorsqu'elle rendait l'attitude de la divine Vierge, spécialement celle qu'elle prit, au moment de lui dire son nom. Mgr de Ségur raconte qu'un homme du monde qui la vit alors, disait aussitôt : — « Pour moi, ceci suffit ; je crois. Cette enfant a vu et elle ne pourrait jamais trouver seule ce qu'elle fait là. Ce qu'elle a vu n'est pas de ce monde. »

## IV

### Apparition du lundi de Pâques. — Le cierge ardent. — Persécution.

La sainte Vierge apparut de nouveau à Bernadette, le lundi de Pâques, 5 avril. Cette apparition fut marquée par un fait non moins prodigieux que les guérisons qu'opérait, chaque jour, l'eau de la grotte. Bernadette, dans son extase, appuya, sans y prendre garde, ses deux mains jointes sur l'extrémité de son cierge. La flamme alors se divisa et passa entre ses doigts sans que l'impression du feu troublât en rien sa contemplation. — « Elle se brûle ! elle se brûle ! » disaient quelques-uns ; et ils voulaient lui enlever son cierge. — « Laissons faire, disaient les autres ; vous voyez bien qu'elle ne sent pas le feu. » — Et, en effet, lorsqu'elle fut sortie de son extase, un médecin s'assura que ses mains étaient saines et intactes.

Aussi, le petit cercle des incrédules diminuait-t-il de jour en jour. Depuis longtemps déjà, les personnes les plus distinguées de Lourdes, M. de Laffite, ancien intendant militaire, M. Dufo, bâtonnier de l'ordre des avocats, M. Estrade, receveur des contributions, M. Dozous, docteur-médecin, ne doutaient plus ; mais l'administration, représentée par le préfet, le procureur impérial, le juge de paix, et le commissaire de police, se maintenait énergiquement dans la résolution de nier envers et contre tous. Le commissaire poussa un jour l'impudence jusqu'à se placer devant Bernadette, pendant son extase, et à s'interposer ainsi, en quelque sorte, suivant le mot de Mgr de Ségur, entre l'enfant et la Mère de Dieu. Mais une parente de la jeune fille défendit énergiquement la sainte liberté des communications spirituelles, que ne pouvait comprendre le vulgaire recors qui prétendait s'y opposer.

Le commissaire avait déjà interrogé Bernadette ; le tribunal entier voulut l'interroger à son tour ; mais toute l'habileté du procureur impérial, de son substitut et des juges échoua devant la droiture de l'enfant. On ne put ni la faire se contredire, ni surprendre dans sa pensée le moindre dérangement. Nul moyen donc d'agir, soit pour la justice, soit même pour l'administration. D'un autre côté, les multitudes qui se pressaient à la grotte, ne commettaient aucun délit, n'occasionnaient aucun désordre ; point d'altercation, point de rixe : c'était une merveille à ajouter aux autres.

Impatienté de ces innocences multipliées et ne sachant comment en venir à bout, le préfet résolut trois choses : 1° faire enlever tous les objets que la piété publique déposait à la grotte et qui lui donnaient l'apparence d'un sanctuaire, sous prétexte qu'aucun sanctuaire ne peut être ouvert sans autorisation ; 2° interdire l'accès de la grotte, comme faisant partie d'un terrain communal, et cela, sous peine d'amende ; 3° enfin, faire enfermer Bernadette comme hallucinée, ou, en d'autres termes, comme folle, car la loi ne permet d'enfermer que les fous.

L'entreprise était audacieuse, elle était impudente, et, comme il arrive parfois à ce qui est impudent, elle tourna à la confusion de son auteur. La grotte fut dépouillée, il est vrai, de tous ses ornements et richesses, car beaucoup d'aumônes y étaient journellement déposées pour l'édification d'une chapelle ; mais la vénération dont elle était l'objet ne fit que s'accroître. Elle fut fermée par des planches et les approches en furent défendues par des barrières; mais alors la foule se porta sur la rive droite du gave, qui n'appartenait pas à la commune, et, si elle ne pria pas au pied de la grotte, elle pria du moins en face d'elle. La consigne qui interdisait le passage des barrières était, en outre, sans cesse violée, et la justice de paix fut saisie de contraventions sans nombre. La peine était de 5 francs d'amende; mais le juge la trouvant trop faible, prononçait la solidarité entre les contrevenants : moyen ingénieux d'épuiser plus d'une bourse.

La guerre était donc acharnée, et elle était d'autant plus ridicule qu'on n'osait pas poursuivre tout le monde. Ainsi, parmi les coupables qui avaient voulu prier au lieu de l'apparition, se trouva un jour Mme l'amirale Bruat, gouvernante du prince impérial. Le même jour, Louis Veuillot n'avait répondu à l'injonction : *On ne passe pas*, qu'en répondant : « Vous allez voir qu'on passe. »

L'embarras devenait extrême; mais il avait été plus grand encore, lorsqu'on avait voulu faire enfermer Bernadette. Il fallait pour cela un certificat de deux médecins constatant la folie. On choisit naturellement parmi ceux qui ne croyaient point au miracle; mais on ne put leur arracher qu'une attestation douteuse et timide, dans laquelle l'état sain et normal de l'enfant était mis hors de doute, et qui concluait simplement de sa persistance dans le récit des apparitions, qu'elle *pourrait bien être hallucinée.* En d'autres termes, c'était dire : Elle croit à l'apparition, nous n'y croyons pas : donc elle pourrait bien avoir perdu la tête. C'était hardi, mais ce qui fut plus hardi encore, c'est que le préfet voulut se servir de ce certificat qui ne certifiait rien, pour s'emparer de l'enfant.

Bernadette avait dit plus d'une fois à ses parents : *Ils ne feront pas tout ce qu'ils disent et Dieu est plus fort qu'eux. S'ils me mettent en prison, ils auront la peine de m'en tirer.* Dieu fut, en effet, plus fort qu'eux, et il se servit, pour rompre leur dessein, du cœur et de la voix du vénérable curé de Lourdes. — « Je me dois à tous, dit-il à ceux qui s'étaient faits les agents du préfet, je me dois à tous et surtout aux plus faibles... Allez donc dire à M. Massy (le préfet) que ses gendarmes me trouveront sur le seuil de la famille Soubirous, et qu'ils auront à me renverser, à me passer sur le corps, à me fouler aux pieds, avant de toucher à un cheveu de la tête de cette petite fille ! »

La résolution était formelle ; le prêtre était énergique ; on eût voulu agir, mais on n'osa pas.

## V

**Guérisons. — Le Conseil municipal. — Dernière apparition. — Commission d'enquête. — Fureurs des partisans du libre examen.**

Comment d'ailleurs affirmer sérieusement que Bernadette était folle, lorsque le jaillissement de la source et les miracles qu'elle opérait lui donnaient pleinement raison ? On eût bien voulu dire que la source n'était pas nouvelle ; mais, après l'avoir essayé timidement, on ne se sentait pas la force de le dire tout haut et à face découverte.

Restait la question des miracles, qui devenaient chaque jour plus nombreux. Ne pouvait-on les expliquer par quelque propriété médicinale de cette eau, si voisine de celles de Cauterets et de Barèges ? L'administration s'adressa à un chimiste, M. Latour, de Trie, qui lui trouva, en effet, comme on le désirait, des *vertus curatives spéciales.* Les *esprits-forts* triomphaient. On aurait bien pu leur demander, sans doute, comment la même eau pouvait guérir les infirmités les plus diverses, telles que l'amaurose, la paralysie, la consomption, la surdité, ainsi que cela se voyait à la grotte. Mais n'oublions pas que les *esprits-forts* ne sont, après tout, que des *esprits faibles,* suivant le mot de la Bruyère, et qu'on est bien obligé, par pitié, de les ménager un peu.

Leur déconvenue, d'ailleurs, devait être complète. A peine le rapport du chimiste de la préfecture eut-il paru, que d'autres chimistes, M. Pujo, entre autres, protestaient, au nom de la science, contre ses conclusions, et que le conseil mnnicipal de Lourdes se voyait obligé d'ordonner une nouvelle analyse, dont il eut le bon esprit de charger M. Filhol, professeur à la faculté de Toulouse et qui fait autorité dans la science. — « Monsieur Filhol, lui écrivit le maire, conformément au désir du conseil municipal, qui *a pleine confiance en vos lumières,* j'ai l'honneur de vous prier de vouloir bien analyser une eau provenant d'une source *découverte depuis peu* à Lourdes.... » Ainsi, il était authentiquement constaté que la source était nouvelle. La lettre était du 3 juin, et la source n'avait, en effet, commencé à couler que le 25 février, trois mois et six jours auparavant.

Laissons maintenant M. Filhol avec ses cornues et ses alambics, et suivons les événements qui se succèdent à Lourdes. Malgré toutes les mesures qui avaient été prises pour contrarier le vœu des populations, les populations

2*

restaient calmes. Un matin, cependant, l'émotion faillit prendre des proportions menaçantes. On disait que, pendant la nuit, les tuyaux de la fontaine avaient été arrachés et qu'on avait tenté de combler l'orifice, en y amoncelant de la terre et des pierres. L'eau n'en coulait pas moins à travers les obstacles ; mais l'intention et l'acte n'en étaient pas moins odieux. Qui s'en était rendu coupable ? La police, si habile d'ordinaire, eut le talent de ne découvrir personne, et le maire, voulant éloigner de lui tout soupçon, s'empressa de faire rétablir les choses dans leur premier état.

Les apparitions avaient cessé. Une fois cependant encore, Bernadette sentit l'attrait qui l'appelait à la grotte. Ce fut le soir du 16 juillet, fête de Notre-Dame du Mont-Carmel. Elle partit avec une de ses tantes et deux autres personnes, qui désiraient depuis longtemps la voir en extase. Ne pouvant d'ailleurs approcher de la grotte, dont les abords étaient fermés, elle se rendit sur la rive droite du gave, et s'agenouilla en face du lieu sacré qui lui était devenu si cher. Tout à coup, les mains jointes de Bernadette se séparent et s'abaissent ; son visage pâlit, son œil s'empreint d'une béatitude qui semblait se perdre dans la contemplation de la beauté et de la gloire. Jamais, disait-elle ensuite, la sainte Vierge ne lui était apparue si glorieuse. C'était un adieu ; elle ne devait plus la revoir.

Douze jours après, Mgr l'évêque de Tarbes constituait définitivement et solennellement une commission d'enquête, chargée d'informer juridiquement sur tous les faits relatifs aux visions de Bernadette et aux guérisons que l'on disait avoir été opérées par l'eau de la source de Massabielle. Tous les témoignages étaient invités à se produire, dans un sens comme dans l'autre, et la science à fournir ses explications.

Il semble qu'une pareille mesure ne pouvait rencontrer qu'un assentiment général, et pourtant il n'en fut rien. Les partisans du libre examen, qui auraient dû être les premiers à applaudir, jetèrent, au contraire, les hauts cris. — « Est-ce qu'on discute une apparition ? disaient-ils, — est-ce qu'on examine un miracle ? » — Au nom donc de la liberté, ils protestaient contre la liberté de la foi ; au nom du libre examen, ils protestaient contre tout examen. Pauvres gens ! ils ne s'apercevaient pas que cette volonté, hautement déclarée de fermer les yeux et les oreilles, n'était que l'éloquente expression d'une foi qui n'était pas encore aussi morte en eux qu'ils le disaient. S'ils eussent été sûrs de ne pas être démentis par l'évidence, ils se seraient présentés en foule ; mais un reste de bon sens leur disait que Celui qui fait croître le blé et grandir l'enfant, peut aussi bien redresser le boiteux et donner la vue à l'aveugle. Craignant donc d'être dans l'impossibilité de nier, ils s'éloignaient fièrement.

Si encore ils se fussent bornés à ne pas vouloir dire leurs raisons, on s'en fût passé sans peine ; mais ils n'admettaient pas que la commission épiscopale dît les siennes. — « Rien d'important, disait gravement le *Journal des Débats, ne peut se faire en France sans l'autorisation du gouvernement ;* nul évêque et nulle commission épiscopale ne peuvent donc constater, *sans cette autorisation,* une *manifestation éclatante de la Divinité*, qui déposerait hautement de la *supériorité de leur culte sur tous les autres.* » Et il indiquait au pouvoir tous les moyens plus ou moins légaux qu'il avait, soit d'arrêter l'œuvre de la commission, scit de la rendre nulle ; puis, il ajoutait, avec une componction pateline, digne de Tartuffe : — « Est-ce pour l'exhorter à s'en servir ? à Dieu ne plaise ! (1) »

Qui donc cependant avait signé cet article ? Prévost-Paradol, pauvre et faible tête, couronnée alors par l'opposition, coiffée plus tard par l'Empire, et qui devait finir par le suicide, comme un halluciné vulgaire.

## VI

### L'eau de la grotte. — Analyse de M. Filhol. — Fin des persécutions.

Au fond, les *esprits-forts* avaient plus d'une raison de crier. Chaque jour, en effet, leur apportait une déception nouvelle, et, à peine sortis d'un trou, ils tombaient dans un abîme. Le rapport du savant chimiste Filhol fut pour eux un de ces coups terribles sous lesquels on ne peut rien que s'avouer vaincu. Nous nous rappelons tout ce qu'on avait dit des *vertus curatives* de l'eau de la grotte, afin de pouvoir expliquer les miracles. Or, voilà que le 7 août, M. Filhol déclare, à la suite d'un rapport des plus détaillés, que l'eau de la grotte ne *renferme aucune substance active capable de lui donner des propriétés thérapeutiques marquées*, et il ajoutait : « Elle peut être bue sans inconvénient. »

Ainsi, tous les subterfuges de l'incrédulité systématique étaient déjoués ; toutes ses prétendues explications s'en allaient à vau-l'eau. A quoi bon désormais interdire l'en-

(1) Cité par Henri Lasserre, p. 334, 336.

trée de la grotte, puisque le seul motif tant soit peu sérieux de l'interdiction était d'empêcher l'usage d'une eau qui, disait-on, prise indifféremment, pouvait peut-être être nuisible? Du moment que cette eau était déclarée ne posséder ni vertus curatives ni propriétés dangereuses, que voulait-on de plus ? Mais ce qu'on redoutait au fond, c'étaient de nouveaux miracles venant battre en brèche toutes les théories administratives. La grotte continua donc d'être fermée, et les sévérités ne perdirent rien de leur rigueur.

Les choses en étaient là, lorsqu'une dépêche impériale tombant soudain à Tarbes, comme la foudre, vint anéantir toute l'assurance du préfet. Ordre lui était donné d'enlever les barrières, de laisser la grotte libre, en un mot, de défaire tout ce qu'il avait fait. Le préfet hésita, tergiversa, réclama ; mais un second ordre, plus impératif encore que le premier, vint le foudroyer de nouveau, et le malheureux, éperdu, signa tous les démentis qu'on imposa à sa conduite. Pour le consoler, néanmoins, on lui donna, peu de jours après, de l'avancement ; de Tarbes il passa à Grenoble ; de Notre-Dame de Lourdes, à Notre-Dame de la Salette. Le commissaire de police, après avoir bu, à son tour, le calice jusqu'à la lie, obtint, lui aussi, sa récompense. D'une petite ville, il fut envoyé dans une grande, où, heureusement pour lui, il n'eut affaire qu'a des voleurs, pour lesquels il fut un Argus des plus distingués. Quant au ministre Rouland, qui avait fait enlever de la grotte tous les objets pieux, sous prétexte qu'ils en faisaient un sanctuaire, il fut condamné à signer un décret autorisant l'édification d'une chapelle sur cette même grotte qu'il avait frappée d'interdiction.

---

## VII

**Ordonnance épiscopale. — Guérisons miraculeuses.**

Cette chapelle ne fut toutefois commencée qu'en 1862. Telle fut, en effet, la rigueur de l'information ordonnée par l'évêque, si longues furent les recherches, si multipliés les documents et si nombreux les témoins, que l'ordonnance qui en proclama le résultat, ne put être rendue que le 18 janvier de cette année, près de quatre ans après les apparitions. Le mandement qui la précédait, restera comme un monument de la sagesse et de la prudence de l'Église. Mgr Laurence commençait par rappeler les apparitions dont les livres saints nous ont conservé le souvenir, puis, celles que, depuis la loi de grâce, l'histoire a maintes fois constatées, pour *la gloire de la Religion et l'édification des fidèles.* « Les apparitions de la très-sainte Vierge Marie, ajoutait-il, y occupent une large place et elles ont été pour le monde une source abondante de bénédictions. » Le vénérable prélat reproduisait et analysait ensuite le récit de Bernadette ; il en contrôlait la sincérité, réduisait à néant, par l'observation rigoureuse des faits, l'objection futile de l'hallucination, et prouvait définitivement la réalité des apparitions par les effets *surnaturels et divins* qui les avaient suivis : pèlerins sans nombre, ou plutôt contrée entière, s'ébranlant, se précipitant, à la voix d'une petite fille; guérisons multipliées de maladies déclarées *incurables.* « Quelle est la puissance qui a produit ces guérisons? ajoutait l'évêque. Est-ce la puissance de l'organisme? *La science, consultée à ce sujet, a répondu négativement.* CES GUÉRISONS SONT DONC L'ŒUVRE DE DIEU. »

On en comptait plus d'une centaine ; mais la commission s'était bornée à en examiner trente-six, qu'elle divisa en trois classes : 1° celles qui, bien que très-extraordinaires, pouvaient néanmoins, à la rigueur, être expliquées naturellement ; 2° celles qui présentaient toutes les conditions pour être rangées dans l'ordre surnaturel, mais qui cependant furent écartées, soit parce qu'on avait eu recours à des remèdes en même temps qu'à l'eau miraculeuse, soit parce que la guérison n'avait pas été instantanée ; 3° enfin, les guérisons absolument et évidemment miraculeuses. Elles étaient au nombre de seize. Sur ces seize, Mgr de Tarbes en choisit sept, dont il fit publier le récit en même temps que son ordonnance.

Premier fait.— C'était celui du carrier Louis Bourriette, que nous avons déjà signalé. Depuis 20 ans, un de ses yeux était dans le plus triste état, par suite d'un éclat de mine. Le mal s'était même aggravé récemment. Il ne pouvait plus lire de cet œil, et le travail lui devenait de plus en plus difficile. A peine se fut-il lavé, le 26 février, avec l'eau de la grotte, qu'il se trouva guéri et lut couramment, de son œil perdu, les mots suivants écrits au crayon par son médecin, qui ne pouvait croire une pareille cure possible : *Bourriette a une amaurose incurable, et il ne guérira jamais.* — « Je ne puis le nier, s'écria le docteur, c'est un miracle, un vrai miracle. »

Deuxième fait. — Le jeudi 4 mars, dernier jour de la quinzaine pendant laquelle Bernadette avait promis à la sainte Vierge de venir tous les jours à la grotte, une mère éperdue apportait son enfant qui ne donnait presque aucun signe de vie, et, après avoir prié un instant devant la source, plongeait le corps inerte qu'elle tenait, dans son eau glacée. Non-seulement elle l'y plongeait, mais elle l'y maintenait un quart d'heure, malgré les protestations des assistants qui la croyaient folle. « Je veux faire ce qui dépend de moi, répondait-elle ; le bon Dieu et la sainte Vierge feront le reste. » Et le bon Dieu et la sainte Vierge firent ce qu'elle attendait. L'enfant, reporté dans son berceau s'endormit paisiblement. La consomption, qui chez lu était arrivée à son dernier terme, disparut ; et le surlendemain, cet enfant de deux ans, qui n'avait jamais marché, sortait seul de son petit lit, et, à la grande surprise de tous, courait dans la chambre. Trois médecins déclarèrent que cette guérison ne pouvait s'expliquer que par l'action toute-puissante de Dieu. Justin Bonhohorts (c'était le nom de l'enfant), n'a pas eu depuis lors une seule rechute. Il habite toujours Lourdes.

Troisième fait. — Henri Busquet, jeune homme de quinze ans, demeurant à Nay, dans les Basses-Pyrénées, avait le cou et le haut de la poitrine labourés par un affreux ulcère, qui s'était produit à la suite d'un abcès de nature scrofuleuse. Vainement avait-il essayé des eaux de Cauterets, et, depuis deux ans, son mal s'aggravait chaque jour. Entendant parler des merveilles de Lourdes, il témoigne le désir d'avoir de l'eau de la grotte. On lui en apporte, le 23 avril ; Henri se met en prière avec tous les siens, et, malgré les recommandations des médecins de ne jamais mouiller sa plaie d'eau froide, il n'hésite pas à appliquer sur elle un linge imbibé de l'eau miraculeuse. Aussitôt après, il s'endort, et, le lendemain matin, on n'apercevait plus, à la place de son ulcère, qu'une longue cicatrice blanche. Sa guérison fut déclarée par les médecins *merveilleuse et divine*.

Quatrième fait. — Blaisette Soupenne, habitant Lourdes et âgée de cinquante ans, était atteinte, depuis trois ans, d'une maladie des yeux déclarée *incurable* (blépharite compliquée d'atrophie). Lotions d'eau froide, usage des eaux de Cauterets et de Gazost, tout avait été employé et rien n'avait réussi. Elle eut recours à l'eau de Massabielle, et, après l'avoir employée deux fois, elle fut complétement guérie. « La portée de ce fait, lit-on dans le rapport des médecins, est d'autant plus considérable, que la maladie était des plus rebelles, et qu'au point où elle était parvenue, elle réclamait impérieusement l'usage de la chirurgie agissante, la rescision de la muqueuse palpébrale, etc., etc. »

Cinquième fait. — Catherine Latapie-Chouat, de Loubajac, dans les Hautes-Pyrénées, avait, depuis une luxation, le bras très-faible et trois doigts de la main droite, le pouce, l'index et le médius, recourbés et paralysés. La pauvre paysanne ne pouvait ni coudre, ni filer, ni tricoter, et les médecins ne lui laissaient aucun espoir. Dans sa douleur, et malgré une grossesse avancée, elle part pour Lourdes, où elle se sentait appelée, disait-elle, par une voix intérieure, plonge sa main dans l'eau de la grotte et recouvre aussitôt l'usage libre de tous ses doigts.

Sixième fait. — M^me^ veuve Rizan, de Nay, était, depuis le choléra de 1832, paralysée d'une grande partie du côté gauche ; elle ne pouvait ni se mettre seule à genoux, ni se relever, et ne faisait quelques pas en boitant, qu'avec un appui. Son estomac était, en outre, hors d'état de supporter les aliments solides, et, depuis dix-huit mois, le mal s'était tellement aggravé, qu'elle se voyait réduite à un état d'immobilité absolue. Déclarée incurable par deux médecins, elle fut bientôt aux portes de la mort. On était au 16 octobre 1858. Tout à coup, la mourante demande de l'eau de Lourdes. On ne put lui en donner que le lendemain matin. Elle la porte aussitôt à ses lèvres et s'écrie : « O ma fille ! c'est la vie que je bois ; frotte-moi le visage, le bras, tout le corps. » Et à mesure qu'on répond à son désir, le mouvement revient à ses membres, l'enflure disparaît, et la santé, qu'elle ne connaissait plus depuis vingt-six ans, lui est rendue. Toutes les circonstances de cette guérison, déclarèrent les médecins, *portent le sceau du surnaturel.*

Septième fait. — Mlle Marie Moreau, de Sazenay, aujourd'hui Mme d'Izarn de Villefort, de Tartas, dans les Landes, avait été atteinte, en janvier 1853, d'une maladie d'yeux, une amaurose, qui l'obligea d'interrompre le cours de ses études. Ses parents, ayant consulté à Bordeaux un oculiste des plus distingués, la réponse fut : L'un des yeux est tout à fait perdu, l'autre est bien malade. — Les médicaments, les bains de mer n'amenèrent aucune amélioration. M. Moreau, au lieu de recourir plus longtemps à la science humaine, s'adresse directement à la sainte Vierge, patronne de sa fille. Une neuvaine est résolue; elle commence le 8 novembre 1858. Après avoir prié, le soir, avec ses parents, la jeune fille fixe sur ses yeux une compresse imbibée d'eau de Lourdes et s'endort, non sans peine, tant son âme était agitée. Le lendemain matin, elle ôte le bandeau et pousse un grand cri. La lumière, en effet, lui arrivait sans obstacle, sans nuage. L'œil malade était guéri, l'œil perdu était retrouvé. Le docteur Bermond n'hésita pas à qualifier ce fait comme étant *hors ligne et sortant tout à fait des procédés au pouvoir de la science médicale.*

## VIII

**Montaigne et Rousseau sur les miracles. — Défi de M. Artus. — M. de Marcadeau.—M. Voisin.—Débâcle de la libre-pensée.**

La commission ne se prononçait sur chaque fait, qu'après avoir reçu les rapports précis et concordants de deux médecins distingués, MM. Dozous, médecin de Lourdes, et Vergez, médecin des eaux de Barèges, et ces rapports étaient assez détaillés pour que tout praticien pût les contredire, s'il y avait lieu. Aucun n'a été contredit, la lumière est donc complète. Car de prétendre, en dehors de tout examen, qu'un miracle est, par lui-même, un fait impossible, c'est tout bonnement tomber dans l'absurde. Montaigne, le sceptique Montaigne, n'était-il pas le premier à dire des miracles : *Condamner d'un trait toutes pareilles histoires, me semble une singulière impudence* (1). Et Jean-Jacques !—« Dieu, dit-il, peut-il faire des miracles, c'est-à-dire déroger aux lois qu'il a établies ? Cette question, sérieusement méditée, *serait impie si elle n'était absurde.* Ce serait faire *trop d'honneur* à celui qui la résoudrait négativement que de le punir ; il faudrait l'enfermer (2). »

Rousseau aurait fort à faire aujourd'hui, s'il lui fallait enfermer tous ceux qui poussent l'impiété jusqu'à l'absurde. Fatigué de les voir toujours, soit passer sous silence les miracles de Lourdes, soit les nier sans examen, un homme de cœur, M. Artus, dont une nièce, Mlle Juliette Fournier, avait eu le bonheur d'être guérie par

(1) *Essais*, l. I, ch. XXVI.

(2) *Troisième lettre de la Montagne.*

l'eau miraculeuse, résolut de mettre les *esprits-forts* au pied du mur, en les défiant solennellement de prouver la fausseté de deux des miracles, pris à leur choix dans le livre de M. Lasserre sur Notre-Dame de Lourdes. L'enjeu était de dix mille francs, qu'il offrait de déposer immédiatement chez un notaire.

Le défi fut relevé par un M. *de Marcadeau,* gentilhomme inconnu qui se disait habitant de Cauterets, rue de la Raillère, et qui parlait comme un cuistre. Tout le sel de son épître consistait, en effet, dans les mots de *charlatans* et de *blagueurs,* qu'il adressait à M. Artus et à ceux qui partageaient ses convictions. Sans discuter, d'ailleurs, aucun des faits de guérison articulés et dont la vérité ou la fausseté était si facile à reconnaître sur les lieux, M. *de Marcadeau* se bornait à prétendre que la source n'était pas miraculeuse, qu'elle existait de tout temps, mais s'échappait du rocher par diverses fissures et que le miracle consistait à avoir réuni tous ces filets d'eau dans une même rigole.

La réponse de M. Artus ne se fit pas attendre. Il constatait d'abord que, loin de se faire jour par plusieurs fissures, la source n'avait qu'un seul orifice, ainsi que chacun pouvait le voir ; que d'ailleurs le maire et le conseil municipal de Lourdes avaient tranché la question, en déclarant, le 3 juin 1858, qu'elle était découverte *depuis peu,* et qu'en effet, pas un journal du pays n'en avait parlé, avant le 25 février, bien que tous eussent fait la description de la grotte. M. Artus n'en admettait pas moins la discussion sur le fait de la source, mais en y joignant toujours deux miracles, ainsi qu'il l'avait proposé. Quant au jury qui devait décider la question et adjuger le bénéfice du pari, il indiquait cinquante-cinq noms pris dans l'institut, la médecine, la magistrature, la politique, noms parmi lesquels nous remarquons ceux de Rémusat, de Saulcy, Cloquet, Jaubert, Babinet, Milne-Edwards, dont la réputation de cléricalisme est loin d'être établie, et même celui de M. Freycinet, protestant, et *factotum* de Gambetta pendant la guerre. M. *de Marcadeau* était libre de choisir dans la liste.

Grand fut l'embarras de celui-ci, si on en juge par son long silence. Il avait cru, sans doute, que, devant les affirmations hautaines d'un homme du pays, M. Artus plierait bagage en lui laissant tout l'honneur du triomphe. Mais, hélas ! M. Artus devenait plus insistant que jamais, et lui, *de Marcadeau,* se sentait l'épée dans les reins ; cela le gênait.

Cependant, ennuyé d'attendre, M. Artus fait prendre des informations à Cauterets, où nul ne connaît le susdit gentilhomme. Il interroge la poste, à qui il avait remis u e lettre chargée. La poste justifie de la remise de la lettre et montre la signature *de Marcadeau* sur ses livres. La chose devenait louche. Une enquête est alors provoquée et commencée.

Mais, au moment même où la poste se mettait en quête, l'illustre *de Marcadeau* écrivait pour refuser définitivement le débat. La raison qu'il donnait c'est que malades, médecins, témoins, quelquefois une ville entière, pouvaient être vendus. Quant à la source : « Je pourrai vous citer, disait-il, non des écrits, mais le témoignage verbal de gens du pays, qui vous diront qu'elle a toujours existé, non telle qu'elle est aujourd'hui ; mais elle formait une espèce de *mare,* et c'est en desséchant cette *mare,* qu'on a retrouvé la vraie origine de la source. » — Mais, Monsieur de Marcadeau, vous disiez tout à l'heure, qu'avant le 25 février, l'eau se perdait en filets épars sortant de fissures diverses ; est-ce là ce que vous appelez une mare ? Prenez garde, vous avez la vue double et des témoins bien faciles. Et la lettre du maire, d'ailleurs, et la délibération du conseil municipal, et les descriptions de la grotte par vos propres journaux, qu'en faites-vous, Messire? Est-ce que tout cela serait vendu aussi? Jamais fuite fut-elle plus piteuse?

La poste cependant cherchait, et elle finit par trouver que le prétendu gentilhomme libre-penseur était un sieur CAZEAUX, qui, par honte... je ne dirai pas de son nom, cela est impossible, mais alors évidemment de sa cause, avait pris un masque, et que le sentiment de cette honte avait poussé jusqu'à ne pas reculer devant un faux sur des registres. La fuite devenait une véritable débâcle (1).

Cependant, le pari est toujours ouvert et nul ne le relève. L'occasion n'a pas manqué pourtant. Ainsi, un docteur Voisin, professeur à la Salpétrière, parlant de l'hallucination à ses élèves, leur disait récemment que, chez les enfants, elle dégénérait vite en folie et donnait pour exemple Bernadette, qui était, disait-il, *enfermée comme folle dans le couvent des Ursulines de Nevers*. Inutile d'ajouter que, d'un bout de la France à l'autre, l'importante révélation du docteur fut signalée avec applaudissement par tous les journaux de la libre-pensée. Mais aussitôt,

(1) Pour tous ces détails, voir : *Miracles de N.-D. de Lourdes. Défi à la libre-pensée, par E. Artus.* — Paris, Victor Palmé.

voilà que l'impitoyable M. Artus invite publiquement M. Voisin à faire le voyage de Nevers, et le défie de fournir aucune preuve de son dire. Point de réponse. Mgr l'évêque de Nevers vient alors joindre ses instances à celles de M. Artus ; il offre même l'hospitalité à l'éminent professeur, et le prévient que Bernadette lui sera présentée par le procureur de la République, afin qu'il ne puisse douter de son identité : *Liberté lui serait ensuite octroyée de l'envisager, de la questionner, voire même de l'ennuyer aussi longtemps qu'il lui plairait.* Sans doute, M. Voisin va s'empresser d'accepter des moyens d'information aussi sûrs et des politesses aussi obligeantes ; mais, hélas ! le docteur est subitement pris d'aphonie ou même de paralysie, car il ne parle plus et n'écrit plus. Quatre mois cependant se sont écoulés et le silence dure encore !

Voilà tout ce que la libre-pensée a pu fournir contre ce qu'elle appelle la légende de Lourdes : mutisme subit de Voisin et débâcle de Cazeaux, un peu moins que rien.

## IX

**Bernadette depuis les apparitions. — Inauguration de la statue de l'Immaculée-Conception. — La crypte. — La chapelle.**

Bernadette n'est même pas chez les Ursulines, comme le prétendait le docteur si bien informé. Préparée à sa première communion par les sœurs de la Charité de Nevers, qui tenaient l'école de Lourdes, elle ne les a pas quittées. Jusqu'en 1860, elle suivit les cours de l'école, puis elle alla habiter l'hôpital, qui était également tenu par les Sœurs, et, jusqu'en 1866, elle resta, à Lourdes, le témoin de Dieu et de sa divine mère. Simple, modeste, insensible, on peut le dire, au bruit qui se faisait autour d'elle, elle ne parlait jamais la première des faveurs dont elle avait été comblée ; mais elle répondait aux interrogations sans fin et sans nombre que les pèlerins lui faisaient subir, et elle y répondait avec une netteté et une candeur qui portaient la conviction dans tous les esprits. Sa santé était d'ailleurs toujours débile ; l'asthme dont elle souffrait depuis son enfance, lui laissait peu de repos. Beaucoup d'autres avaient été guéris à la source miraculeuse, elle ne fut pas du nombre : le bonheur ne lui avait pas été promis dans ce monde, mais dans l'éternité. Enfin, au mois de juillet 1866, elle entra au noviciat des Sœurs de Nevers, et y fit ses vœux, le 31 octobre 1867, sous le nom de sœur *Marie-Bernard.* — « Loin d'être folle, écrivait le 3 octobre dernier, Mgr l'évêque de Nevers, c'est une personne d'une sagesse peu commune et d'un calme dont rien n'approche. »

Quant à ses parents, ils sont demeurés pauvres comme ils étaient, bien qu'ils n'eussent qu'à ouvrir la main pour recevoir. Au lieu de l'ouvrir, ils l'ont constamment fermée. Comme leur fille, ils ont tout refusé, même lorsque la charité prenait les formes les plus délicates. Qui donc ne reconnaîtrait pas là encore le doigt de Dieu ?

Nous avons vu que le pèlerinage à la grotte avait commencé dès le lendemain du jour où la sainte Vierge avait exprimé le désir *d'y voir du monde*, c'est-à-dire, dès le 19 février ; depuis lors, le concours des fidèles n'avait pas discontinué. Ce ne fut toutefois que le 18 janvier 1862, date du jugement épiscopal, qu'il fut canoniquement établi. L'évêque de Tarbes acheta à la commune de Lourdes les grottes Massabielle et le terrain qui s'étend à leurs pieds jusqu'au gave. Le sol de la grotte fut nivelé, un bassin de marbre placé à gauche, devant elle, reçut les eaux de la source par trois bouches de bronze et une piscine fut disposée dans un bâtiment contigu pour les infirmes. En même temps, la montagne, jadis abrupte, était sillonnée de sentiers faciles et pittoresques, qui mettaient la grotte en communication avec le haut sommet, où allait s'élever l'église demandée par Marie. La grotte, cependant, n'avait rien qui rappelât encore d'une manière directe l'apparition, lorsque, le 4 avril 1864, fut inaugurée la blanche statue qui représente la divine Vierge, telle qu'elle se montra à Bernadette, le 25 mars 1858, au moment où elle laissa tomber ces paroles : *Je suis l'Immaculée Conception.* La cérémonie, présidée par Mgr de Tarbes, fut des plus solennelles et des plus imposantes. La statue, œuvre de l'éminent sculpteur Fabish, de Lyon, et don de deux sœurs, Mmes de Lacour, occupe la grotte supérieure, où elle est encadrée dans le rocher et la verdure. Autour de sa tête, et formant auréole, sont les mots qu'elle prononça. — « C'est bien beau, disait Bernadette, en voyant cette œuvre remarquable, mais ce n'est pas ELLE. La différence est comme de la terre au ciel. »

M. Lasserre nous apprend que ni Bernadette, ni M. le curé Peyramale ne purent assister à l'inauguration de cette statue, la première grande cérémonie qui couronnait leur pieuse attente. L'un et l'autre gisaient alors sur des lits de douleur ! Dieu, sans doute, avait voulu qu'aucune tentation de vaine gloire ne vînt effleurer des âmes aussi belles.

Deux ans après, la partie inférieure du sanctuaire, qui

allait dominer les roches Massabielle, était ouverte au public. C'était une vaste crypte, où cinq chapelles sont disposées en éventail. Une première messe y était dite le 21 mai 1862. Enfin, l'église est aujourd'hui complète, et il ne reste plus à construire que le bâtiment définitif du couvent et les chapelles du Rosaire sur la montagne dont les roches Massabielle forment l'une des assises.

Il suit de cette disposition des lieux que le sanctuaire de Notre-Dame de Lourdes, dont la flèche s'élève à cent mètres au-dessus de la grotte, est lui-même dominé par un élévation qui lui fait, lorsqu'on la voit de la route de Pau, un encadrement de verdure. C'est un haut édifice en style du XIIIe siècle, qui s'élève sur un perron de vingt-deux marches, et dont le porche sert de base à une tour surmontée d'une flèche, qui porte dans les airs une couronne d'or. Consacrée à Marie, cette église est surtout remarquable par la grâce. Les colonnes et les grandes lignes en sont de pierre blanche; les murs, les voûtes, sont de marbre bleu du pays. La nature et l'art se sont ainsi complu à rapprocher les couleurs virginales de l'*Immaculée-Conception*, dans l'édification de ce monument de la piété populaire. Les chapelles y sont assez nombreuses pour que, en comprenant le grand-autel, seize prêtres puissent y offrir le Saint-Sacrifice à la fois, tandis que cinq l'offrent dans la crypte. Telle est cependant l'affluence des pèlerins, que très-souvent ces vingt-et-un autels sont occupés dès minuit, et restent occupés jusqu'à une heure avancée du jour.

---

# X

## Suite des Guérisons.

Ce fait seul suffirait pour montrer ce qu'est devenu dans nos mœurs religieuses, le pèlerinage de Lourdes. Et comment en serait-il autrement, en présence des prodiges qui s'y renouvellent presque sans interruption ? Nous n'en citerons que quelques-uns.

En 1864, c'est un enfant de Tarbes, Pierre Estournet, menacé de cécité par un mal d'yeux que manifestait à l'extérieur une boule de chair d'un rouge vif, trempée d'une sorte de pus, et dont les yeux redeviennent complétement sains, en trois jours, avec les prières de sa mère et l'eau de la grotte.

En 1865, c'est une personne de Bordères, près de Tarbes, Mlle Broca, qui, atteinte d'une maladie aiguë, depuis plus de deux ans, ne pouvant prendre presque aucune nourriture, perdant la mémoire même de ses prières, arrive sans connaissance à la grotte, puis, revenue à elle, boit un peu d'eau, se sent alors comme broyée, comme foudroyée, mais éprouve aussitôt après un soulagement extraordinaire ; *tout son être nageait dans un calme doux et profond* ; elle était guérie.

En 1867, c'est un ancien gendarme, Jean-Marie Fosses, aubergiste à Arzac (Basses-Pyrénées), qui se fait conduire péniblement à la grotte, et se plonge deux fois, malgré le froid de l'hiver, dans la piscine. Ses dents claquaient, ses membres grelottaient, mais, en même temps, il se sentait inondé, disait-il, par quelque chose comme *une liqueur de vie*, et lui qui n'était, quelques instants auparavant, que faiblesse et souffrance, recouvrait une agilité qu'il ne connaissait plus.

En 1868, c'est un jeune homme de quinze ans, Jean Pucheou, de Gouze (Basses-Pyrénées), qui était porté, comme Mlle Broca, à la grotte. Ses jambes lui refusaient, en effet, tout service, et sa langue elle-même avait fini par ne plus pouvoir parler ; mais il avait une confiance profonde en Marie. Son père le plonge dans l'eau miraculeuse, et le pauvre infirme sent sa langue se délier, ses jambes se raffermir, et revient à pied, sans le secours d'aucun bras.

En 1869, c'est une jeune mère, Marie Lassabe, de Montfaucon (Basses-Pyrénées), dont la langue, atteinte d'une humeur cancéreuse, avait pris un tel développement qu'elle ne pouvait plus ni parler, ni manger. Elle se rend à Lourdes, où, après avoir reçu la sainte communion, elle boit quelques gouttes de l'eau miraculeuse, et aussitôt un frisson rapide parcourt tous ses membres ; sa langue cesse d'être douloureuse ; elle parle sans effort et peut, quelques instants après, manger sans souffrance.

Au mois de novembre de cette même année 1869, c'est un maître maçon de Liége, Pierre Hanquet, souffrant depuis plusieurs années d'un ramollissement de la moelle épinière, qui avait fini, suivant son expression, par courber son corps *comme un cercle de tonneau*, et qui sent tout à coup la vie lui *remonter* après des lotions de l'eau miraculeuse. *Tous mes maux se sont évanouis en un instant, comme un songe*, racontait-il plus tard : *courbure*, *phthisie*, *érésipèle, gonflement et autres tortures du corps et de l'âme, tout a disparu.* Les docteurs Termonia et Davreux, qui lui avaient donné leurs soins, n'hésitèrent pas à certifier le caractère complétement inexplicable, au point de vue de l'art, de cette guérison.

En 1870, c'est une jeune fille, boiteuse depuis onze ans, par suite d'une chute, et dont la claudication était déclarée incurable, qui cesse subitement de boiter, après une neuvaine à Notre-Dame de Lourdes et l'usage de l'eau miraculeuse.

En 1871, c'est François Macary, menuisier à Lavaur et sexagénaire, qui voit tout à coup disparaître d'énormes et cruelles varices dont il était affecté depuis près de trente ans. — *La science est impuissante à expliquer ce fait*, déclarent deux médecins, les docteurs Ségur et Bernet.

A ces guérisons, consignées dans l'ouvrage de Mgr de Ségur, nous en ajouterons quelques autres plus récentes. Ainsi, Mme Lieutaud, de Toulon, malade depuis six ans d'une hydropisie, marchant avec peine, prise souvent d'un assoupissement léthargique, fut *complétement guérie,* suivant les termes mêmes du certificat de son médecin, le docteur Romain, après une neuvaine qu'elle fit à Lourdes, au mois de juillet 1871. Une jeune personne de Clermont-l'Hérault, atteinte de paralysie aux pieds, aux mains, et ayant la bouche tournée, recouvrait sa pleine santé à la grotte de Lourdes, le 23 juillet dernier. « Elle se fit lotionner les mains, dit son médecin, le docteur Chrétien, de Montpellier, et aussitôt les mains se rouvrirent. De pareilles lotions firent cesser immédiatement la contorsion de la bouche, et une immersion dans la piscine donna une telle souplesse à ses extrémités inférieures, qu'après une courte prière, elle put monter les vingt-deux marches qui conduisent à la chapelle. » Enfin, et plus récemment encore, la femme Merlet, des Epesses (Vendée), dont le genou droit était ankylosé, depuis huit ans, par suite d'un état scrofuleux sans remède, a été subitement guérie, le 5 septembre, à la grotte de Lourdes, « et sa guérison ne s'est pas démentie depuis, écrivait, treize jours après, son médecin, le docteur Placide Bureau. Je conclus de ce fait, ajoutait-il, que la guérison est *miraculeuse.* »

Nous pourrions multiplier les citations, qu'il nous serait facile de puiser dans les *Annales de Notre-Dame de Lourdes,* excellent recueil publié depuis 1868, par les Missionnaires qui desservent la chapelle, et approuvé par Mgr l'évêque de Tarbes. Ce recueil fait donc autorité. C'est à lui que Mgr de Ségur a emprunté la plupart des guérisons dont il parle et que nous-mêmes en avons emprunté plusieurs. Sans doute, comme le dit le pieux prélat, le miracle, même à Lourdes, est toujours une exception ; mais enfin, les *signes* que demandaient les juifs et dont ils ne savaient pas profiter, y sont assez nombreux pour notre condamnation, si nous restons sourds et aveugles comme les juifs. Jamais, ce semble, Dieu ne s'est fait entendre de plus près : *Juxtà te est sermo valdè* (1).

## XI

### Les pèlerinages.

Sa voix sera-t-elle entendue ? Si malheureusement le plus grand nombre n'écoute pas ou se bouche les oreilles, qui aurait pu croire cependant au retentissement qu'elle a eu ? Il faut remonter bien des siècles, pour trouver rien qui ressemble à ces grandes et pacifiques émotions popu-

(1) *Deut.* xxx, 14.

laires, si différentes de celles auxquelles nous a habitués la Révolution. Nous avons vu que, dès le 4 mars 1858, il y avait jusqu'à vingt mille personnes à la grotte, et pas un désordre dans ces multitudes, pas une altercation, pas une violation de la loi ! Comment ne pas reconnaître à ce seul trait la puissance de la foi comme élément social ? Eh bien ! ayons confiance; jamais la puissance de la foi ne s'est manifestée avec plus d'énergie que depuis les apparitions de Lourdes. *Elle a souri, bonne Mère,* dit le cantique, *la bonne Mère a souri* ([1]). N'en doutons point, elle sourira à nos efforts et la France sera sauvée.

L'importance des travaux qui ont été exécutés et du monument qui a été élevé à Lourdes avec les offrandes journalières des pèlerins suffirait pour nous dire quelles multitudes se sont succédé là depuis quatorze ans. On y est venu de toute la France, de toute l'Europe, du monde entier. On partait seul, et à Lourdes on se trouvait trois cents, quatre cents, quelquefois mille ; puis, en 1867, ont commencé les grands pèlerinages par les diocèses voisins ; les diocèses plus éloignés ont promptement suivi l'exemple, et, cette année, ce n'est plus seulement le Midi, c'est le Centre, c'est l'Ouest, c'est Paris, qui s'ébranlent pour aller faire retentir, au pied du rocher de Massabielle, cette voix de la prière à laquelle Dieu ne résiste pas, surtout lorsqu'elle part comme une seule voix du cœur de tout un peuple.

L'ère des grands pèlerinages fut inaugurée à Lourdes, le 16 juillet 1867, par le diocèse de Bayonne, et, cette année, c'est encore Bayonne et les Béarnais qui ouvrent la marche au retour des beaux jours. Onze cents pieuses

([1]) Cantique de Mgr de la Bouillerie, musique du P. Hermann.

chrétiennes du Béarn arrivaient à Lourdes, le 23 avril, conduites par leur évêque, Mgr Lacroix, qui venait d'accomplir sa 79e année et la 34e de son épiscopat. C'était la neuvième fois que Bayonne revenait à Lourdes, et elle y reviendra encore avec onze cents hommes le 12 mai, avec onze cents dames le 20. La paroisse d'Aspet, au diocèse de Toulouse, arrivait, de son côté, aux roches Massabielle, le 29 avril ; ils étaient cinq cent quarante-quatre pèlerins, dont plusieurs avaient fait quatorze kilomètres à pied, pendant la nuit et malgré la pluie (1).

Le 16 mai, on voit venir la paroisse Saint-Nicolas de Toulouse, qui la première, a établi la confrérie de l'Immaculée-Conception au beau pays de Languedoc. Elle est représentée par plus de quatre cents personnes dont l'ardente piété se traduit par les chants les plus harmonieux.

Le lundi de la Pentecôte, 20 mai, dès cinq heures du matin, des tambours, des clairons et une fanfare annoncent sept cents Bordelais ayant à leur tête deux cent cinquante jeunes apprentis, *disciplinés comme des militaires, édifiants comme au jour d'une première communion.* La petite paroisse d'Eslourenties-Darré, au diocèse de Bayonne, joint à ces lointains voyageurs ses cent vingt-cinq pèlerins, qui ont parcouru à pied vingt kilomètres.

Le lendemain 21, Saint-Amand d'Agen, Béziers, Perpignan, Saint-Gaudens, se trouvent réunis ; admirables processions avec fanfare, quatre mille communions, quatre messes solennelles, éloquentes prédications, trois vêpres, chants magnifiques.

Le 23 mai, ce sont encore des Béarnais, au nombre de

(1) Pour tous ces détails et pour les mots en italique, voir les *Annales de Lourdes.*

six cent quarante qu'envoie la paroisse de Salies de Béarn.

Le 26 mai, c'est une petite paroisse, mais une paroisse tout entière, Sère-ez-Angles, qui vient déposer le plus beau bouquet aux pieds de Marie.

Deux jours se passent et Lectoure arrive (28 mai), déroulant sa procession de sept cent cinquante fidèles et faisant admirer les beaux chants de ses chœurs de jeunes filles. Ce même jour arrive le collége des jésuites de Bordeaux avec mille pèlerins ; le lendemain, le collége des jésuites de Toulouse avec quatorze cents. Drapeaux, musiques, chants *qui transportent, tout est grand ici devant les hommes et tout est grand devant Dieu.*

Enfin le mois de Marie se termine par les pèlerinages de Saint-Martory, au diocèse de Toulouse, comptant six cents fidèles *des plus édifiants,* celui de Sazos, au diocèse de Tarbes, formé par quatre cents montagnards qui, sous la conduite de leur curé, ont fait à pied les quinze kilomètres qui les séparent de Pierrefite, et par le pèlerinage d'Orthez composé de quinze cents Bearnais et Béarnaises avec nombreuses bannières, jeunes filles vêtues de blanc et double fanfare, celle d'Orthez et celle du collége de Moncade. Rien de gracieux comme leurs processions, mais rien de pittoresque aussi comme les capulets rouges des femmes de Sazos et d'imposant, sous les voûtes de l'église, comme les voix mâles de ces hommes et de ces femmes des montagnes. *Leur foi est plus forte encore que les roches de leur beau pays.*

Le mois de juin s'ouvre par le pèlerinage de Montauban (550 pèlerins dont trente prêtres), puis par ceux de Vic-de-Bigorre et de Mont-de-Marsan. Vic-de-Bigorre se distingue par ses petites filles couronnées de roses, ses enfants de Marie avec leurs longs voiles blancs et les voix de ses mille pèlerins qui se marient harmonieusement aux chants de l'Orphéon.

Le 6 juin, arrive Grenade-sur-l'Adour, du diocèse d'Aire, avec 300 pèlerins ; le 8, Cintegabelle et Castel-Sarrazin, en tout 1300 fidèles ; le 11, Saint-Etienne de Toulouse, avec 600 paroissiens. Une magnifique couronne de fleurs est offerte à la Vierge par quarante orphelins de la paroisse, et une riche étole que lui avait offerte l'amour de ses chères ouailles, est déposée par le curé, comme gage de la consécration de son troupeau à la Vierge de la grotte. Un lustre et deux candélabres sont laissés, en outre, par la piété des Toulousains.

Le 12, voit commencer la série des lointains pèlerinages. C'est Poitiers qui a l'honneur de l'ouvrir. Il est représenté par 500 pèlerins, dont 57 prêtres, sous la direction de M. l'abbé de Montbron, curé de Saint-Porchaire. 500 pèlerins de Niort, de ce même diocèse de Poitiers, suivront l'exemple le 17 juillet ; puis, le 21 août, Poitiers reviendra encore avec 1500 pèlerins; le 27, Niort et Bressuire avec 1300, et, le 6 octobre, le diocèse de Saint-Hilaire prendra part avec 500 autres à la grande manifestation nationale ; tant le zèle du pasteur a enflammé le troupeau : *Zelus domus tuæ comedit me.*

A la grande procession du 21 août, on remarquera plusieurs centaines de jeunes filles, vêtues de blanc avec ceintures bleues et couronnées de roses blanches, tenant d'une main un lis d'or et élevant de l'autre, au-dessus de leurs têtes, les plis sans fin d'un rosaire immense, qui les enchaîne toutes *comme des roses vivantes de charité et de pureté.*

Un lis d'or, une châsse contenant une relique de sainte Radegonde, un rosaire d'or aux grains ornés d'émaux et une croix ruisselante de pierres fines seront, en outre, portés comme offrandes au sanctuaire de l'apparition.

Le 13 juin est marqué par le pèlerinage d'Agen (1300 pèlerins avec la belle fanfare du collége de Saint-Caprais); le 17, par ceux de Mazamet et de Gironde, onze cent vingt pèlerins, parmi lesquels se font remarquer les Orphéonistes de Mazamet, au costume pittoresque, mais tant soit peu *garibaldien*, qu'on est tout étonné et édifié de voir se presser à la sainte table. Mgr de Tarbes rehausse, avec son séminaire, l'éclat de cette belle journée.

Le 18 juin voyait venir 700 Béarnais d'Arthez ; le 19, 1500 pèlerins de Nîmes, Lunel, Montpellier, Montastruc et 470 pieux paroissiens de Saint-Sernin, de Toulouse. Le 24 juin, c'est Lavaur avec deux fanfares, 330 pèlerins et une magnifique oriflamme que porte François Macary, le vieux menuisier, auquel Notre-Dame de Lourdes a rendu le plein usage de ses jambes.

Le 26, ce sont 1800 fidèles de Foix, de Pamiers et de Saint-Paul de Narbonne ; le 27, encore 1800 venus de trois diocèses : de Villeneuve-Marsan, au diocèse d'Aire ; de Saint-Martin d'Auch et de Salles-du-Salat, au diocèse de Pamiers. Le 29, c'est la paroisse voisine de Lesignan, qu'on revoie tous les ans à Lourdes. Enfin, le 30, a lieu une réunion charmante d'enfants de chœur. Ce sont les maîtrises et psallettes de Saint-Jacques et de Saint-Martin, de Pau ; de Perpignan, de Montauban, de toutes les églises de Bordeaux et 150 élèves du collége ecclésiastique de Saint-André-de-Cubzac. Rien de frais et d'harmonieux comme les chants de ces enfants qui alternent avec la musique.

Le mois de juillet commence avec 900 pèlerins de Beaumont de Lomagne et 880 de la Dalbade, de Toulouse. Le 2 voit arriver Mgr l'archevêque d'Auch avec ses deux séminaires, puis Ste-Aphrodise de Béziers et Perpignan. Le 4, ce sont onze cents pèlerins de Mimbaste, au diocèse d'Aire, et les paroisses de Saint-Pierre et de Saint-Paul d'Auch. Le 5, ce sont 760 pèlerins de Cette, avec 18 oriflammes rappelant les dix-huit apparitions, et les statues de saint Louis, de Notre-Dame de la Salette, de Notre-Dame de Lourdes, de Notre-Dame de Pontmain, etc., etc. Le 7, arrivent 514 pèlerins de la Madeleine de Béziers portant, eux aussi, les dix-huit oriflammes. Le 8, onze cents de Castres, avec d'admirables chœurs de chanteuses; le 14, deux mille de Bagnères-de-Bigorre, dans les rangs desquels on remarque, à côté du vêtement noir des Tertiaires de saint François d'Assise, les voiles bleus des *Enfants de Marie* et le képi de la Société des anciens militaires, qui marchent au son du tambour.

Le 16, le Roussillon arrive, représenté par son évêque Mgr Ramadié et par 1400 pèlerins. 600 n'ont pu trouver de place; ils viendront. Les jours suivants, jusqu'à la fin de juillet, voient se succéder, outre le pèlerinage de Niort dont nous avons parlé, ceux de la cathédrale de Montauban, du canton de Cardonne, de Saint-Orens d'Auch, du Sault-de-Navailles, de Castétis et Bonnet, formant un total de 2700 pèlerins.

Le 3 août, trois évêques se trouvaient réunis à Lourdes: Mgr Epivent, évêque d'Aire, Mgr Rappe, évêque de Cléveland, dans l'Amérique du nord et Mgr Mermillod, évêque d'Hébron, l'illustre persécuté de Genève. Quelques jours après, Mgr Dubreuil, archevêque d'Avignon, devait les y suivre. Et les multitudes se succèdent sans fin, venant de Villeneuve de Lauragais, de Saint-Laurent de Neste, avec leurs capulets blancs, de Saint-Pierre de Cette, de Cussac au Médoc, de Béziers, de Cazères sur Garonne, de Trèbes, de Tuzaguet, de Louey, les hommes de Cette au nombre de cinq cents, La Daurade de Toulouse, le canton de Muret, Sainte-Eulalie de Montpellier. Muret rappelle saint Dominique et le rosaire. La Daurade, le culte le plus ancien et le plus authentique de l'*Immaculée-Conception*. Ces divers pèlerinages formaient un total de neuf mille cinq cents à dix mille fidèles.

Le 20 août, on en voit arriver seize cents de Narbonne, du Gard et de l'Hérault. Le 25, six cents de Saint-Girons, cinq cents des environs de Toulouse, mille deux cents du Béarn et deux mille de Poitiers. Les pèlerins de Toulouse voyant tout à coup, à la grotte, une jeune fille de leur pèlerinage remuer en tous sens son bras depuis longtemps paralysé, entonnent un *magnificat* enthousiaste qu'accompagnent les plus douces symphonies de leur brillante fanfare.

Les jours suivants, se succèdent Tarascon sur Rhône, encore Béziers, Fousseret, les hommes de Castres au nombre de six cent quarante, Caraman, Gaillac, Saint-Pierre de Montpellier, Niort, Bressuire, Carcassonne, Auch, Loubajac, pour la neuvième fois, Rébenac, encore Perpignan, Mirande, Lunas, Bédarieux, Oust, Saint-Lizier, Labarthe, Barbazan-Débat, Salles-Adour, en tout quinze mille. Le premier septembre voit revenir Cette, pour la troisième ou quatrième fois. Cinq cents pèlerins de cette ville aux hardis navigateurs ont résolu d'aller vénérer, en quatre jours, les sanctuaires de Sainte-Germaine de Pibrac, Notre-Dame des Anges, Notre-Dame de Lourdes, Notre-Dame de Bétharam, Notre-Dame de Buglose, Notre-Dame de Verdelais, Notre-Dame de Lorette et Notre-Dame de Bon-Encontre.

Le 2 et le 3 septembre, arrivent la paroisse entière de Bénac et mille pèlerins d'Ibos. Le 4, treize cents fermes chrétiens de la Vendée, chantant leur fidèle refrain :

Toujours, toujours, ô Vierge Immaculée,
Pour nous bénir, votre main s'étendra,
Et nous, enfants de la Vendée,
Pour vous servir, nous serons là !

On reverra encore une députation de ces *fils des géants* au 6 octobre ; on en reverra mille deux cents, en plein hiver, le 19 novembre. Notre-Dame de Lourdes les comble de ses bénédictions.

Le même jour, viennent onze cents hommes de Magnoac et de Notre-Dame de Garaison ; le 10, onze cents pèlerins de Tours portant fièrement la bannière de Saint-Martin et la statue de l'*Immaculée* que prêcha le grand thaumaturge des Gaules. Les pèlerins de Touraine se rencontrent le soir, avec trois cent quarante pèlerins de Limoges qu'accompagne leur évêque et qu'il anime de son éloquente voix. Quatre prêtres portent dans leurs rangs quatre magnifiques vases des manufactures limousines, aux armes de Limoges et au chiffre de Marie.

Nommons encore Fleurance, Saint-Vincent de Béarn, Saint-Bertrand de Comminges, Coarraze, toujours fière du souvenir de Henri IV, Nantes, Rodez, Adé, Le Mans Bartrès où Bernadette passa son enfance, Oringles, Angoulême et Angers, c'est-à-dire un total de treize mille pèlerins, du 17 septembre au 5 octobre, veille du grand pèlerinage national.

Les pèlerins de Nantes arrivèrent le 24, au nombre de deux mille, parmi lesquels trois cents prêtres conduits par leur vieil et infatigable évêque, Mgr Fournier, dont l'ardente parole avait remué toutes les âmes, au pays si profondément chrétien des Charette et de la Moricière. Ces Bretons portent avec eux les bannières de tous les saints de leur patrie, et de nombreuses oriflammes dont les peintures rappellent chacune des invocations des litanies de la Vierge ; en tête du cortége est un magnifique étendard représentant les deux frères martyrs Donatien et Rogatien, patrons du diocèse, étendard qui va être déposé aux pieds de Notre-Dame de Lourdes. Leurs deux mille voix font retentir avec une ardente énergie le cantique de leur pèlerinage :

Sauve la France et bénis la Bretagne
Qui tombe à tes genoux.

Quinze jours après, le 8 octobre, douze cents autres viendront de ce même diocèse de Nantes, énergique protestation contre les violences qui ont accueilli les premiers pèlerins à leur retour dans leurs foyers ; et il en sera ainsi pour Clermont-Ferrand qui, accueilli au retour par des huées, reviendra avec des cantiques.

Les 5, 6 et 7 octobre demeureront à jamais célèbres dans les annales de Lourdes et, nous pouvons même le dire, dans les annales religieuses de la France, par la *grande manifestation de foi et d'espérance*, qui fit converger vers le sanctuaire de Lourdes les représentants et les bannières des plus illustres sanctuaires des Gaules. La pensée de cette éclatante supplication pour l'Eglise et pour la France était venue, l'année précédente, à Lourdes même, pendant qu'il y célébrait le saint sacrifice, à un prêtre bourguignon, l'abbé Chocarne, curé de Saint-Nicolas de Beaune, frère de l'illustre dominicain de ce nom, et cette pensée, formulée aussitôt par un comité à la tête duquel on remarqua les noms de Mme la marquise de Mac-Mahon et de Mme de la Moricière, fut à la fois bénie par le Saint-Père et accueillie avec un pieux enthousiasme par les fidèles.

Le pèlerinage du mois d'août, à la Salette, fut le premier acte de cette grande manifestation; on vit alors, malgré les difficultés du voyage, plus de trois mille pèlerins réunis sur la montagne. Mais c'était surtout à Lourdes, dont l'abord est toujours facile, que devait naturellement se porter le flot des peuples. Ce mot n'est pas de trop, lorsqu'on songe qu'à la solennité du 6 octobre toutes les parties de la France s'étaient donné rendez-vous, et que dix-sept trains spéciaux arrivaient dans une seule journée, sans compter les trains ordinaires. Lille elle-même, la grande ville du Nord, s'y trouva représentée par trois cent quarante vaillants chrétiens entourant la bannière de Notre-Dame de la Treille, dont l'exergue est : *Insula, civitas Virginis*, et qu'il faut trois hommes pour porter; Orléans et Blois y sont représentés par mille pèlerins, qui obtiendront une grâce des plus signalées, la guérison d'une sourde-muette; le Poitou et la Vendée par cinq cents qui se pressent autour de la bannière du Sacré-Cœur; Clermont-Ferrand par cinq cent dix, et le dernier jour, le lundi 7, Périgueux, par cinq cent quarante qui, ne pouvant trouver place ni à la grotte ni dans les chapelles, « s'abritent, pour le saint sacrifice, sous la rotonde rustique que leur illustre compatriote, M. Henri Lasserre, avait élevée pour les agapes fraternelles des pèlerins.

Huit évêques français et un évêque espagnol, Mgr Toma Iglezias, patriarche des Indes, rehaussaient la solennité par leur présence. Ces évêques étaient l'archevêque d'Auch (Mgr de Langalerie), l'évêque de Tarbes (Mgr Pichenot), l'évêque de Mende (Mgr Foulquier), l'évêque de Carcassonne (Mgr de la Bouillerie), l'évêque d'Aire (Mgr Epivent), l'évêque de Luçon (Mgr Collet), l'évêque d'Agen (Mgr d'Outremont), et l'évêque de Montauban (Mgr Legain). Le dimanche 6, jour de la fête du Rosaire, et le 7, anniversaire de la bataille de Lépante, qui sauva la chrétienté au XVIe siècle, des messes furent dites simultanément, de minuit à une heure de l'après-midi, sur trente-deux autels, dont plusieurs avaient été improvisés. Quant à la messe pontificale, elle fut célébrée dans la prairie du *châlet*, en face des roches Massabielle, afin de pouvoir être suivie par une plus grande multitude.

La veille, le R. P. Chocarne, des Frères prêcheurs, avait fait entendre, du haut de l'estrade élevée dans la prairie, sa puissante voix, et éloquemment exprimé la pensée de la manifestation, produite à la fois par le bien et par le mal de la société, réagissant contre le mal et étendant le bien. Le 6, ce fut Mgr de Tarbes qui prit la parole à la messe et Mgr d'Auch à la bénédiction des bannières. « On a dit, s'écria en terminant l'évêque de Tarbes, on a dit : — *L'homme s'agite et Dieu le mène,* — c'est vrai ; eh bien ! Dieu ne s'agite pas sans doute, mais l'homme le mène. Oui, l'homme mène Dieu par la prière !

Car, ainsi qu'il s'y est engagé, la prière lui fait vouloir ce que l'homme veut. Nous pouvons donc forcer Dieu à sauver notre France. »

La parole de Mgr d'Auch ne fut ni moins éloquente, ni moins émue. Elle se fit entendre après la procession des bannières, spectacle unique au monde, moins encore par son éclat, qui cependant était splendide, que par les souvenirs de piété, de joie et de douleur qu'il rappelait.

En tête, était la bannière du Comité, représentant la Vierge donnant le rosaire à saint Dominique et portant pour devise : *Regnum Galliæ*, *regnum Mariæ;* puis venaient la bannière de la Lorraine, celle de l'Alsace en velours noir, avec banderolle d'argent, sur laquelle on lit : *In te speramus,* et celle de Metz représentant une Vierge entourée de lis, avec l'invocation : *Spes nostra.* En les voyant passer, les larmes se faisaient jour dans tous les yeux. Suivaient les bannières de tous les sanctuaires célèbres : Notre-Dame de la Garde, Notre-Dame de Fourvières, Notre-Dame de Chartres, Notre-Dame de Bon-Encontre, Notre-Dame de la Délivrande, etc., etc. On en comptait près de trois cents. C'étaient comme de nouvelles litanies de la Vierge, peintes où brodées sur velours, argent ou or, et rappelant tous ses titres à notre reconnaissance.

Mgr d'Auch crut ne pouvoir mieux commenter cette prière de tous les âges et de toutes les parties de la France à celle qui restera toujours *notre espoir,* qu'en analysant la salutation de l'Ange, *Ave Maria.* — « O Marie ! priez pour la France, disait-il, maintenant, maintenant... et à l'heure de notre mort... pas de la mort de la France ! il ne faut pas, il ne se peut pas qu'elle meure ! » — Nous croyons, disent les *Annales de Lourdes,* qu'il y a dans l'histoire de la parole humaine peu de circonstances où l'émotion ait été si profonde et surtout si prolongée...

Arrêtons-nous cependant. Le cadre restreint de cet opuscule ne nous permet que d'indiquer, sans pouvoir décrire, les traits principaux de ces pèlerinages qui se succèdent aujourd'hui encore malgré l'hiver. Marseille, Avignon, Viviers, Valence, sont venus après Nantes, Angers, Lille. C'est une suite ininterrompue de processions, de chants et de prières.

Quatre choses surtout nous ont frappés dans ces pèlerinages :

Premièrement, la station à la grotte, devant ce lieu de l'apparition, cet arceau de l'églantier où Marie est venue, où elle se révèle encore chaque jour par des prodiges ; il semble qu'on l'y voit comme Bernadette, tant le recueillement y est grand, tant les chants qu'y font entendre des milliers de poitrines vibrent avec une saisissante énergie. Ce n'est déjà plus l'accent étudié de la terre, c'est quelque chose de plus entraînant, qui nous fait pressentir les élans des bienheureux.

Secondement, la procession aux flambeaux de la grotte à la chapelle, illumination mouvante, vivante, qui dessine tous les plis et replis de la montagne. Les feux ne sont pas ici seuls comme dans les illuminations vulgaires : chaque lumière représente une âme qui gravite avec elle vers les cieux.

Troisièmement, la montagne naguère inabordable transformée en un riant jardin, et sur sa crête ardue un temple splendide, et des processions, des multitudes envahissant ce temple tous les jours ; et dans ces rangs pressés toutes les classes de l'intelligence et toutes celles de la fortune.

La bannière sera quelquefois portée par une grande dame ; l'académicien s'agenouillera près du pâtre, et sous des voiles épais se cacheront des reines priant et *pleurant comme de simples femmes* ([1]). Si ce n'est pas là un miracle continu, qu'est-ce donc ? Est-ce qu'une petite fille aurait pu jamais de telles choses, si une autre voix que la sienne n'avait parlé par sa bouche ?

Quatrièmement enfin, l'aspect unique de cette petite ville de Lourdes, devenue comme une patrie commune, où l'on se rencontre de tous les points de l'horizon et où tous ceux qui se rencontrent se sentent amis et frères : image frappante ou plutôt avant-goût de cette union complète qui sera le partage de l'éternité.

Quelque douces que soient ces impressions, il s'y mêle sans doute des tristesses ; car la pensée même du pèlerinage est inséparable de celle des malheurs de la France et du deuil de l'Église ; mais nous allons à la source de l'espérance, *spes nostra, salve !* « ils allaient pleurant et répandant leurs semences, disait le psalmiste, *euntes ibant et flebant mittentes semina sua* » ; mais la prière est un grain qui germe toujours, « et ils reviendront dans la joie, portant leurs gerbes dans leurs mains, *venientes autem, venient cum exsultatione, portantes manipulos suos* ([1]). »

([1]) La reine de Suède, entre autres, le 15 juillet dernier.
([2]) *Ps.* 125.

# CANTIQUES

## POUR L'ARRIVÉE DES PÈLERINS NANTAIS A N.-D.-DE-LOURDES (1).

1. Dans cette grotte où de gloire éclatante
Tu te montras à des regards mortels,
De tes enfants la foule suppliante
Vient se jeter en tes bras maternels.

REFRAIN.

De la sainte montagne,
Vierge sans tache, étends ta main sur nous;
Sauve la France et bénis la Bretagne qui tombe à tes genoux.
Sauve la France et bénis la Bretagne qui tombe à tes genoux.

2. Toi qui daignas visiter cette terre
Et nous instruire au sein de nos malheurs,
Mère de Dieu, sois aussi notre mère,
Prête l'oreille au cris de nos douleurs.

3. L'impiété s'agite avec furie
Et le démon fait un suprême effort;
Sauve le monde, ô divine Marie,
Il est assis à l'ombre de la mort.

4. De la Victime au Calvaire immolée,
L'homme coupable a méconnu la voix;
Contrains son front, ô Vierge immaculée,
A se courber sous le joug de la Croix.

5. Enorgueilli de sa vaine science,
Ce siècle est sourd aux menaces des cieux;
Marie, ô toi qui chéris l'innocence,
Conserve-nous la foi de nos aïeux.

(1) Nous donnons ici quelques-uns des cantiques qui ont été composés pour le pèlerinage de Nantes. Le premier est de M. l'abbé Marbœuf et la musique de M. l'abbé Joyau.

6. Depuis longtemps, nous répandons des larmes
Sur ce pays qui te fut consacré;
Lève ton bras, dissipe nos alarmes,
En toi toujours nous avons espéré.

7. Pose le pied sur l'ange de l'abîme,
Dans les enfers qu'il rentre plein d'effroi,
Ne souffre pas qu'en vainqueur il opprime
Et ton Église et le Pontife-Roi.

8. Fais que ton Nom soit gravé dans notre âme,
Qu'il soit pour nous le gage du bonheur,
Et que, rangés sous ta blanche oriflamme,
Nous combattions les combats du Seigneur.

9. Du haut du ciel, sur l'Église de Nantes
Daigne abaisser un regard protecteur;
Reçois les vœux, les prières ardentes
Que le troupeau t'offre avec son Pasteur.

---

AIR : *Goûtez, âmes ferventes.*

O toi, Mère chérie,
Qui nous aimas toujours,
Pitié pour la patrie,
En ces funestes jours.

REFRAIN.

Vierge, notre espérance,
Etends sur nous ton bras,
Sauve, sauve la France, } *bis.*
Ne l'abandonne pas. }

Vois comme dans la France,
On ne peut t'oublier,
Comme avec confiance
On aime à te prier.

Souviens-toi que la France
En tes aimables mains,
Aux jours de sa puissance,
A remis ses destins.

Il est vrai que la France
A courroucé le Ciel!
Mais, pour sa délivrance,
Vois-nous à ton autel!

Nous t'en prions, Marie,
Désarme le Seigneur.
Pitié pour la patrie,
Qui t'a donné son cœur!

## AUTRE CANTIQUE

REFRAIN.

Ave, Maria,
Car vous êtes ma mère,
Ma tendre Mère,
Ave, Maria.

Au ciel, tous les anges,
En chœurs glorieux,
Chantent vos louanges,
O Reine des cieux.
Ave, Maria, etc.

Mais nous, sur la terre,
Sommes vos enfants;
Daignez, bonne Mère,
Agréer nos chants.
Ave, Maria, etc.

Soyez l'espérance
Des pauvres pécheurs
Pleins de repentance,
Pleurant leurs erreurs.
Ave, Maria, etc.

Montrez-vous l'amante
Des cœurs délaissés;
Soyez la servante
Des pauvres blessés.
Ave, Maria, etc.

Pensez au Calvaire,
A Jésus mourant;
Consolez la mère
Pleurant son enfant.
Ave, Maria, etc.

Protégez sans cesse
L'enfant au berceau,
La faible vieillesse
Tout près du tombeau.
Ave, Maria, etc.

Montrez-vous propice
Au pauvre orphelin;
Soyez sa nourrice,
Trouvez-lui son pain.
Ave, Maria, etc.

A l'heure dernière,
Fermez-nous les yeux;
A votre prière,
S'ouvriront les cieux.
Ave, Maria, etc.

# TABLE



Nantes, imp. Vincent Forest et Emile Grimaud.

www.ingramcontent.com/pod-product-compliance
Lightning Source LLC
LaVergne TN
LVHW020041170826
845678LV00001B/364

* 9 7 8 2 3 2 9 6 9 3 2 6 2 *